Rick Warren

ZWÖLF

Gottes Antworten auf schwierige Lebensfragen

Über den Autor

Rick Warren wurde in San José in Kalifornien geboren. Heute lebt er mit seiner Frau und drei Kindern in Trabuco Canyon, Kalifornien. Bekannt wurde Rick Warren als Gründer der *Saddleback Church*. Heute ist diese mit 20.000 Gottesdienstbesuchern eine der vielfältigsten und schnellstwachsenden Kirchen in den USA. Sein Buch „Kirche mit Vision" wurde mit dem „Gold Medallion Ministry Book of the Year" ausgezeichnet. Vor allem aber sein Titel „Leben mit Vision" schlägt weltweit hohe Wellen. Seit seiner Veröffentlichung im Oktober 2002 verkaufte es sich bislang über 30 Millionen Mal und war 2003 und 2004 das meistverkaufte Buch der Welt.

Rick Warren

ZWÖLF

Gottes Antworten auf schwierige Lebensfragen

Gerth Medien

Titel der Originalausgabe:
God's Answers to Life's Difficult Questions

Published by Zondervan Publishing House,
Grand Rapids, Michigan, USA

Published by Gerth Medien GmbH, Asslar,
in der Verlagsgruppe Random House GmbH, München
1. Auflage 2007
Best.-Nr. 816 151

ISBN 978-3-86591-151-3

Übersetzung: Maike Grabowski
Umschlaggestaltung: Hanni Plato
Satz: Die Feder GmbH, Wetzlar
Druck und Verarbeitung: GGP Media GmbH, Pößneck

Ich widme dieses Buch meiner „Familie“,
den Mitgliedern der
Saddleback Valley Community Church.
Sie haben einen unstillbaren Hunger
nach der Lehre aus dem Wort Gottes,
die sich praktisch anwenden lässt,
sie hören aufmerksam zu und streben danach,
die Wahrheit in ihrem Leben umzusetzen.
Ich bin dankbar dafür, dass ich ihr Pastor bin.

Inhalt

Vorwort

Bücher zum Thema „Erfolgreich leben“ haben schon seit einer Weile Hochkonjunktur, man will schließlich das Beste aus seinem Leben machen. Auf der Suche nach praxisnahen Problemlösungsansätzen sind die Menschen bereit, jedes Jahr Millionen auszugeben und immer wieder neue Trends mitzumachen. Sie sind ständig auf der Suche nach neuen Tipps und Anregungen, um Antworten auf die schwierigen Fragen des Lebens zu finden.

Leider sind viele Ratschläge, die heutzutage im Fernsehen, im Radio und in den Printmedien angeboten werden, nicht sehr verlässlich. Sie berufen sich auf weitverbreitete Meinungen und zeitgenössisches Denken. Das ist problematisch, denn psychologische Erkenntnisse, die heute noch aktuell sind, werden morgen schon wieder von anderen neuartigen Lösungsansätzen und Therapien abgelöst werden.

Jesus sagte einmal: „Dann werdet ihr die Wahrheit erkennen und die Wahrheit wird euch befreien.“ Eine langfristige Veränderung unseres Denkens und Handelns ist nur möglich, wenn wir unser Leben ehrlich unter die Lupe nehmen und uns an der Wahrheit orientieren. Wenn wir bewusst die Ursachen unserer Lebensprobleme erkennen und Lösungen finden wollen, ist es gut, den Aussagen der Bibel zu vertrauen. Gottes Wort hat sich seit Jahrtausenden bewährt. Es hat weder an Relevanz noch an praktischer Bedeutung verloren und enthält Antworten auf die schwierigsten Fragen unseres Lebens.

Allerdings wäre es zu einfach, nur zu *sagen:* „Die Bibel ist die Antwort." Christen sollen vielmehr *vorleben, in welcher Weise* die Bibel Antworten auf Fragen des Lebens gibt. In diesem Buch schlage ich biblisch fundierte, praktische Schritte und konkrete Maßnahmen vor, die Ihnen helfen können, die Probleme zu bewältigen, mit denen wir alle zu kämpfen haben. D. L. Moody sagte: „Die Bibel wurde uns nicht gegeben, um unser Wissen zu vergrößern, sondern um unser Leben zu verändern."

Auch Jesus lehrte in der Absicht, dass seine Zuhörer später „gehen und entsprechend handeln" sollten. Es ging ihm um konkretes Engagement und Tun. In jedem der folgenden zwölf Kapitel werden Sie einfache Schritte für die praktische Umsetzung von Gottes Wahrheit in Ihrem eigenen Leben, in Ihrer Familie und an Ihrem Arbeitsplatz entdecken. Am meisten wird Ihnen dieses Buch bringen, wenn Sie das Gelesene auch wirklich in die Tat umsetzen!

Warum gibt es in der Bibel so viele biografische Berichte? Der Apostel Paulus gab darauf die Antwort: „Was in den Heiligen Schriften steht, wurde im Voraus aufgeschrieben, damit wir den Nutzen davon haben. Es soll uns zum geduldigen Ertragen anleiten und uns Mut machen“ (Römer 15,4). Gott gab uns diese Beispiele aus dem Leben der Menschen aus zwei wichtigen Gründen.

Es ist immer wichtig, aus eigenen Erfahrungen zu lernen, aber es ist sehr weise, von den Erfahrungen anderer zu profitieren – und in der Regel ist es weniger schmerzhaft!

Zum einen, damit wir daraus etwas lernen können. Es ist immer wichtig, aus eigenen Erfahrungen zu lernen, aber es ist sehr weise, von den Erfahrungen anderer zu profitieren – und in der Regel ist es weniger schmerzhaft! Wenn wir uns die Erkenntnisse zu Herzen nehmen, die uns anhand verschiedener Personen aus der Bibel verdeutlicht werden, können wir uns manches Fehlverhalten und manche Verletzung ersparen.

Zum anderen will Gott uns mit diesen Geschichten ermutigen. Es ist gut und ermutigend zu wissen, dass er zur Umsetzung seiner Pläne ganz normale Menschen gebraucht – trotz ihrer Schwächen, Unzulänglichkeiten und manchmal fragwürdigen Motive. Das stärkt unser Vertrauen darin, dass Gott auch in unserem Leben etwas bewirken wird!

Ich bete, dass die intensive Beschäftigung mit den Personen der Bibel zwei Dinge in Ihrem Leben bewirkt: zum einen, dass Sie Gottes Prinzipien für ein erfülltes und erfolgreiches Leben verstehen, und zum anderen, dass Sie glauben, dass Gott auch mit Ihnen etwas Besonderes vorhat.

1 Wie gehe ich mit Stress um?

Jesus stand unablässig unter Druck. Den ganzen Tag lang beanspruchten andere seine Aufmerksamkeit. Zeit für sich selbst hatte er kaum. Dauernd wollte jemand etwas von ihm. Immer wieder kam es auch zu Missverständnissen und er war Kritik und Spott ausgesetzt. Diese Art zu leben hätte uns total überfordert. Einen derartigen Stress hätte keiner von uns ausgehalten.

Wenn wir das Leben Jesu jedoch einmal genauer betrachten, wird schnell deutlich, dass er trotz der hohen Anforderungen inneren Frieden besaß. Er war nie gehetzt. Er wirkte immer entspannt. Er war mit einer tiefen Gelassenheit erfüllt, die es ihm ermöglichte, diesen immensen Stress zu ertragen. Was war sein Geheimnis? Die Antwort ist schnell gefunden: Er stützte sich auf bewährte Prinzipien eines gesunden Umgangs mit Stress. Wenn wir die folgenden acht Grundsätze verstehen und in unser eigenes Leben übertragen und anwenden, werden auch wir weniger Stress erleben und einen größeren inneren Frieden verspüren.

Identifizieren: Wer bin ich?

Jesus sagte: „Ich bin das Licht der Welt. Wer mir folgt, tappt nicht mehr im Dunkeln, sondern hat das Licht und mit ihm das Leben“ (Johannes 8,12), „Ich bin die Tür“ (10,9), „Ich bin der Weg, denn ich bin die Wahrheit und das Leben“ (14,6), „Ich bin der gute Hirt“ (10,11), und: „Ich sage, dass ich sein Sohn bin“ (10,36). Jesus war sich bewusst, wer er war!

Finden Sie heraus, wer Sie sind.

Die erste Erkenntnis für einen guten Umgang mit Stress lautet entsprechend: *Finden Sie heraus, wer Sie sind.* Hier geht es um die eigene Identifikation. Jesus sagte: „Ich weiß nämlich, woher ich gekommen bin“ (Johannes 8,14). Für den guten Umgang mit Stress ist dieser Aspekt der Identifikation von großer Bedeutung. Wenn man nämlich nicht weiß, wer man ist, lässt man sich leicht durch andere verunsichern und sich eine fremde Identität überstülpen. Wenn wir nicht wissen, wer wir sind, fällt es anderen Menschen leicht, uns zu manipulieren, und wir werden nicht mehr wir selbst sein.

Eine häufige Ursache für Stress ist, dass wir uns hinter Masken verstecken, ein Doppelleben führen und im Umgang mit anderen Menschen nicht authentisch sind. Das führt zu Verunsicherung und Unsicherheit verursacht immer Druck und Stress. Wenn wir unsicher sind, fühlen wir uns verpflichtet, Leistung zu bringen und uns anzupassen. Dabei legen wir unrealistisch hohe Maßstäbe an uns selbst an. Und auch wenn wir dann arbeiten, arbeiten und nochmals arbeiten, werden wir diese selbstgesetzten, unrealistisch hohen Ziele niemals erreichen. Noch mehr Spannung und Druck sind die Folge.

Um dem Stress in meinem Alltag Einhalt zu gebieten, muss ich zuallererst mich selbst finden. Ich muss wissen, wer ich bin. Und *wer* ich bin, weiß ich, wenn ich verstanden habe, *woher* ich komme: Ich bin ein Geschöpf Gottes. Ich bin kein Zufallsprodukt, sondern von Gott gewollt. Ich bin aus einem bestimmten Grund hier. Gott liebt mich über alles. Er nimmt mich so an, wie ich bin. Er hat einen Plan für mein Leben. Und weil er mich geschaffen hat, bin ich wertvoll.

Und weil er *Sie* geschaffen hat, sind *Sie* wertvoll. Für einen guten Umgang mit Stress müssen Sie zuerst einmal wissen, wer Sie sind. Solange Sie das nicht geklärt haben, wird die Unsicherheit Sie immer wieder einholen und Ihr Leben beeinträchtigen.

Ausrichten: Wem will ich gefallen?

Der zweite Grundsatz für einen guten Umgang mit Stress wird in Johannes 5, Vers 30 deutlich. Jesus sagte: „Ich kann nichts von mir aus tun, sondern entscheide als Richter so, wie ich den Vater entscheiden höre. Meine Entscheidung ist gerecht, denn ich setze nicht meinen eigenen Willen durch, sondern den Willen dessen, der mich gesandt hat."

Die entscheidende Erkenntnis lautet: *Sie müssen wissen, wem Sie gefallen wollen.* Hier geht es um Ausrichtung. Sie können es nie allen recht machen. Denn was dem einem gefällt, verärgert den anderen. Selbst Gott kann nicht alle zufriedenstellen. Wie wenig wird es dann uns erst gelingen!

Sie müssen wissen, wem Sie gefallen wollen.

Jesus wusste, wem er gefallen wollte. Für ihn war es ganz selbstverständlich: „Ich will Gott dem Vater gefallen." Und der Vater entgegnete darauf: „Dies ist mein Sohn, ihm gilt meine Liebe, ihn habe ich erwählt" (Matthäus 3,17).

Wenn Sie nicht sicher sind, wem Sie gefallen wollen, werden drei Dinge Sie beherrschen:

1. *Kritik.* Sie setzen sich ständiger Kritik aus und sind stets mit der Frage beschäftigt, was andere von Ihnen denken und halten.

2. *Wettstreit.* Sie leben immer im Wettstreit mit anderen und fürchten die Konkurrenz, weil Sie sich Sorgen machen, dass andere besser sein könnten als Sie.

3. *Konflikt.* Sie sind Konflikten ausgesetzt, weil Sie sich bedroht fühlen, sobald Ihnen jemand auch nur widerspricht. „Sorgt euch zuerst darum, dass ihr euch seiner Herrschaft unterstellt, und tut, was er verlangt,

dann wird er euch schon mit all dem anderen versorgen" (Matthäus 6,33). Das bedeutet, wenn ich mich darauf konzentriere, Gott zu gefallen, wird mein Leben einfacher. Ich werde immer bestrebt sein, das Richtige zu tun - nämlich, was Gott gefällt -, gleichgültig, was andere denken.

Wir geben gerne anderen Menschen oder äußeren Umständen die Schuld an unserem Stress: „Du *wolltest doch* ... ich *muss* ... ich *soll.*" Eigentlich gibt es abgesehen von beruflichen Verpflichtungen jedoch nur wenige Dinge im Leben, die wir wirklich tun *müssen.* Wenn wir stöhnen: „Ich muss, ich soll, ich bin verpflichtet", müsste es eigentlich richtiger heißen: „Ich habe mich dazu entschieden, weil ich die Konsequenzen fürchte." Normalerweise *zwingt* uns kaum jemand dazu, etwas gegen unseren Willen zu tun, sodass wir die Schuld für unseren Stress auch nicht auf andere Menschen abwälzen können. Wenn wir uns unter Druck setzen lassen, haben wir uns bewusst dafür *entschieden,* dass andere Menschen uns unter Druck setzen *dürfen.* Wir sind keine Opfer. Wir alleine bestimmen, ob wir uns dem Druck und den Erwartungshaltungen anderer Menschen aussetzen möchten.

Organisieren: Was will ich erreichen?

Hier verrät uns Jesus etwas über das dritte Prinzip für einen guten Umgang mit Stress: „Ich weiß nämlich, woher ich gekommen bin und wohin ich gehe" (Johannes 8,14).

Das dritte Prinzip lautet also: *Sie müssen wissen, was Sie erreichen wollen.* Hier geht es um Organisation. Solange wir unser Leben nicht selbst planen und uns eigene Prioritäten setzen, werden andere das für uns tun und uns sagen, was wir zu tun und zu lassen haben.

Wir entscheiden jeden Tag neu, ob und wie wir unsere Prioritäten verfolgen – oder ob wir uns unser Leben von anderen diktieren lassen und uns diesem Druck beugen. Eine Alternative gibt es nicht. Entweder ich entscheide, was für mein Leben wichtig ist, oder ich überlasse anderen die Entscheidung.

Sie müssen wissen, was Sie erreichen wollen.

Es erscheint einfach, sich dem Diktat der Dringlichkeit zu beugen und sich am Ende eines langen Tages zu fragen, ob man tatsächlich etwas erreicht hat. „Ich habe viel Energie aufgebracht und hart gearbeitet, doch welche bedeutungsvollen Dinge habe ich erreicht?" Fleiß und Geschäftigkeit sind nicht zwangsläufig gleichzusetzen mit Produktivität. Manche Menschen drehen sich auch einfach nur im Kreis und erreichen letztlich gar nichts.

Eine gute Vorbereitung verleiht innere Ruhe. Oder mit anderen Worten: Eine gute Vorbereitung vereinfacht die Dinge und verhindert Druck. Aufschub hingegen bewirkt nur Druck und Stress. Gute Organisation und Vorbereitung verringern ihn, weil Sie wissen, wer

Sie sind, wem Sie gefallen möchten und was Sie erreichen wollen. *Wenn man klare Lebensziele hat, vereinfacht dies das Leben ungemein.* Nehmen Sie sich jeden Tag ein paar Minuten Zeit, um im Gebet mit Gott zu reden. Überdenken Sie die an diesem Tag anstehenden Aufgaben und treffen Sie eine Entscheidung: „Bin ich mir bewusst, wie kostbar vierundzwanzig Stunden meines Lebens sind? Wie möchte ich diese kostbaren Stunden in meinem Leben füllen?"

Konzentrieren: Eins nach dem anderen

Kennen Sie Situationen, in denen Sie sich wie zerrissen fühlen, weil man Sie von allen Seiten bedrängt? Jesus erlebte dies immer wieder. Stets versuchten die Menschen, seinen ursprünglichen Plan zu durchkreuzen. Sie wollten ihn von seinem großen Lebensziel abbringen: „Am nächsten Tag verließ Jesus die Stadt und zog sich an eine abgelegene Stelle zurück. Aber die Leute suchten nach ihm, bis sie ihn fanden; sie wollten ihn festhalten und nicht weggehen lassen" (Lukas 4,42). Jesus wollte zwar die Stadt verlassen, sie aber versuchten, ihn zum Bleiben zu bewegen.

Jesus sagte ihnen: „Ich muss auch den anderen Städten die Gute Nachricht verkünden, dass Gott seine Herrschaft aufrichtet, denn dazu hat Gott mich gesandt" (Vers 43). Er ließ sich nicht von unwichtigen Dingen ablenken.

Das vierte Prinzip für einen guten Umgang mit Stress lautet: *Erledigen Sie eins nach dem anderen.* Hier geht es um die Fokussierung. Jesus war in diesem Bereich vorbildlich. Es schien manchmal, als wollten ihn alle aufhalten. Sie alle hatten andere Pläne für ihn. Aber Jesus blieb konsequent: „Es tut mir leid, aber ich werde weiterhin alles daransetzen, mein Ziel zu erreichen." Er konzentrierte sich auf den Auftrag, den Gott ihm gegeben hatte: von Gottes Herrschaft und seinem Königreich zu berichten. Jesus war entschlossen. Er war beständig. Er war konzentriert.

Erledigen Sie eins nach dem anderen.

Wenn sich auf meinem Schreibtisch tausend Dinge stapeln, die erledigt werden müssen, schaffe ich zunächst Ordnung und sortiere die Unterlagen, ehe ich mich anschließend auf eine Sache konzentriere. Und erst wenn ich diese abgeschlossen habe, beginne ich mit etwas Neuem. Man kann nicht auf zwei Hochzeiten gleichzeitig tanzen! Wir müssen uns für eine Sache entscheiden und dann darauf konzentrieren.

Wenn wir uns übernehmen und dabei verzetteln, arbeiten wir nicht effektiv. Streulicht lässt alles verschwommen erscheinen. Ein konzentrierter Lichtstrahl hingegen kann sogar ein Feuer entzünden. Jesus verfolgte trotz aller Ablenkungen konzentriert sein Ziel. Er ließ sich nicht von anderen unter Druck setzen, stressen oder irritieren – er behielt sein Ziel fest im Blick.

Delegieren: Ich muss nicht alles selbst erledigen

Eines Tages „stieg Jesus auf einen Berg und rief von seinen Jüngern die zu sich, die er für eine besondere Aufgabe vorgesehen hatte. Sie kamen zu ihm" (Markus 3,13). Er berief zwölf Männer zu Aposteln. Mit ihnen wollte er Gemeinschaft haben, um sie anschließend auszusenden. Sie sollten die Gute Nachricht verkünden. Das heißt, Jesus delegierte seine Aufgaben. Das fünfte Prinzip für einen guten Umgang mit Stress lautet: *Versuchen Sie nicht, alles alleine zu meistern.* Lernen Sie zu delegieren!

> Versuchen Sie nicht, alles alleine zu meistern.

Können Sie sich vorstellen, warum wir häufig angespannt sind und unter Stress stehen? Weil wir glauben, alles hänge von uns ab: „Hier bin ich – der starke Atlas –, ich trage alle Last der Welt auf meinen Schultern. Ließe ich los, würde die Welt untergehen!" Würden wir wirklich einmal loslassen, könnten wir feststellen, dass die Welt nicht sofort untergeht! Jesus erwählte zwölf Jünger und bildete sie aus. So konnte er seine Last mit ihnen teilen. Er delegierte Aufgaben und bezog andere Menschen in seine Arbeit mit ein.

Warum delegieren wir nicht? Warum beziehen wir andere Menschen nicht mit ein? Warum wollen wir alles selbst machen? Das geschieht aus zwei Gründen.

Erstens: *Perfektionismus*. Wir denken: „Wenn du willst, dass etwas richtig erledigt wird, dann tue es selbst!" Das ist zwar ein wohlgemeinter Ansatz, aber meistens funktioniert er nicht, weil einfach zu viele Dinge auf einmal anstehen. Wir haben gar nicht die Zeit, alles selbst zu erledigen. Außerdem ist es wirklich egoistisch, wenn wir glauben: „Niemand, wirklich niemand, kann das so gut wie ich."

Meinen Sie nicht, Jesus hätte die Arbeit nicht viel besser gemacht als die Jünger? Selbstverständlich hätte er das! Und dennoch ließ er sie die Aufgaben erledigen. Wir müssen anderen Menschen zugestehen, Fehler zu machen, aus denen sie dann lernen können. So, wie Jesus es seinen Jüngern auch ermöglichte. Geben Sie anderen die Chance, aus Erfahrung klug zu werden!

Der zweite Grund, warum uns delegieren so schwerfällt, ist unsere *eigene Unsicherheit*. „Wie stehe ich am Ende wohl da, wenn ich jemandem diese Aufgabe übertrage und derjenige besser ist als ich?" Das ist ein beunruhigender Gedanke. Sie müssten sich hier jedoch keine Sorgen machen, wenn Sie wissen, wer Sie sind, wem Sie gefallen möchten, was Sie erreichen wollen und worauf Sie sich konzentrieren. Um wirklich effektiv zu sein, *müssen* Sie andere Menschen einbeziehen. Sie können sich nicht auf mehrere Aufgaben gleichzeitig konzentrieren und dabei noch sehr effektiv sein.

Beten: Das regelmäßige Gespräch mit Gott

Oft „verließ Jesus lange vor Sonnenaufgang die Stadt und zog sich an eine abgelegene Stelle zurück. Dort betete er" (Markus 1,35). Das sechste Prinzip für einen guten Umgang mit Stress lautet: *Nehmen Sie sich regelmäßig Zeit fürs Gebet.* Hier geht es um das persönliche Gespräch mit Gott. Es gibt nichts Besseres, als in Stresssituationen zu beten, denn *Gebet ist ein regelrechter Stresskiller.* Gott hat uns die Möglichkeit des direkten Gesprächs mit ihm gegeben, damit wir unsere Unsicherheiten und Ängste loslassen können. Gleichgültig, wie beschäftigt Jesus war, er nahm sich immer die Zeit, um im Zwiegespräch mit Gott dem Vater zu verweilen. Wenn Jesus es trotz aller Anforderungen wichtig war, im Gebet mit Gott verbunden zu sein, wie viel mehr brauchen dann Sie und ich diese Zeit mit dem himmlischen Vater! Eine Zeit der Stille allein mit Gott kann man mit einer Dekompressionskammer vergleichen. Wenn wir mit Gott reden, können wir ihm alles sagen, was uns auf dem Herzen liegt, und geben ihm die Möglichkeit, durch sein Wort zu uns zu sprechen. Anschließend betrachten wir die anstehenden Aufgaben des Tages, legen Prioritäten fest und warten auf Wegweisung. In meinem Buch „Bibellesen mit Vision. 12 praktische Zugänge zum Wort Gottes" beschreibe ich detailliert, wie man einüben kann, langfristig jeden Tag eine Zeit der Stille mit Gott zu verbringen und dabei am Ball zu bleiben.

Nehmen Sie sich regelmäßig Zeit fürs Gebet.

Viele unserer Probleme gehen auf unsere Unfähigkeit zurück, einfach nur stillzusitzen. Es fällt uns sehr schwer, zur Ruhe zu kommen und die Stille auszuhalten. Die wenigsten von uns können in ein Auto einsteigen, ohne sofort das Radio einzuschalten.

Wenn Sie abends nach Hause kommen und feststellen, Sie sind ganz alleine, was tun Sie dann als Erstes? Wahrscheinlich schalten Sie den Fernseher ein oder Ihre Stereoanlage. Stille ist uns einfach unbehaglich. Aber Gott sagt: „Seid stille und erkennet, dass ich Gott bin!" (Psalm 46,11; Luther). Viele Menschen haben Gott nie persönlich kennengelernt, weil sie die Stille nicht aushalten. Sie sind zu beschäftigt, um einmal innezuhalten und den Gedanken einfach ihren Lauf zu lassen.

Jemand sagte einmal: „Es scheint eine merkwürdige Angewohnheit des Menschen zu sein, dass er, wenn er vom Weg abkommt und richtungslos ist, die Geschwindigkeit verdoppelt." Wie ein *Airforce*-Pilot, der im Zweiten Weltkrieg über den Pazifik flog. Als der Fluglotse über Funk dessen Position erfragte, bekam er die Antwort: „Keine Ahnung, aber ich fliege so schnell wie nie zuvor!"

Genauso verhalten sich viele Menschen. Sie hasten durch ihr Leben, ohne eine Ahnung zu haben, in welche Richtung sie steuern. Deshalb ist es gut, wenn wir jeden Morgen zur Positionsbestimmung den Tag mit

Gebet beginnen, so wie Jesus, und auch im Laufe des Tages immer wieder innehalten, zur Ruhe kommen und beten, um unsere geistlichen Batterien aufzuladen.

Entspannen: Abschalten und das Leben genießen

Die Jünger kamen zu Jesus, um ihm zu berichten, was sie alles in seinem Auftrag getan und den Menschen verkündet hatten. Er sagte zu ihnen: „‚Kommt jetzt mit, ihr allein! Wir suchen einen ruhigen Platz, damit ihr euch ausruhen könnt.' Denn es war ein ständiges Kommen und Gehen, sodass sie nicht einmal Zeit zum Essen hatten" (Markus 6,31). Das siebte Prinzip für einen guten Umgang mit Stress lautet: *Schalten Sie ab und genießen Sie den Augenblick.* Hier geht es um Entspannung und Erholung. Jesus sah, dass seine Männer ohne Pause hart gearbeitet hatten, und erklärte ihnen: „Ihr habt eine Zeit der Ruhe verdient. Lasst uns einfach entspannen und eine kurze Auszeit nehmen." Und so stiegen sie in ein Boot, ruderten zur anderen Seite des Sees und begaben sich von dort in eine einsame Gegend, um sich zu erholen.

Schalten Sie ab und genießen Sie den Augenblick.

Dass Jesus so gut mit Stress umgehen konnte, ist auch darauf zurückzuführen, dass er wusste, wann Entspannung notwendig war. Er zog sich oft zurück, suchte die Einsamkeit, indem er in die Wüste ging oder auf einen Berg stieg, um dort wieder aufzutanken.

Es ist unbedingt notwendig, dass auch wir regelmäßig Verschnaufpausen einlegen. Zeiten der Erholung sind für uns sogar derart wichtig, dass Gott sie in den Zehn Geboten verankert hat. Gott wusste, dass der Sabbat für den Menschen unerlässlich ist, weil er körperliche, emotionale und geistige Ruhepausen braucht. Paulus schrieb, dass Gott „uns alles reichlich gibt, was wir zum Leben brauchen" (1. Timotheus 6,17). Zeiten der Erholung und Entspannung sind ein Schlüsselfaktor für einen guten Umgang mit Stress.

Verändern: Den Stress an Jesus abgeben

Das achte Prinzip für einen guten Umgang mit Stress betraf Jesus als Sohn Gottes nicht; für uns als Menschen ist es jedoch von Bedeutung. Jesus sagte: „Kommt alle zu mir; ich will euch die Last abnehmen! Ich quäle euch nicht und sehe auf niemand herab. Stellt euch unter meine Leitung und lernt bei mir; dann findet euer Leben Erfüllung. Was ich anordne, ist gut für euch, und was ich euch zu tragen gebe, ist keine Last" (Matthäus 11,28–30). Das letzte Prinzip lautet also: *Geben Sie Ihren Stress an Jesus ab.* An dieser Stelle geht es um Veränderung. Solange Sie keine Beziehung zu dem Friedefürsten haben, werden Sie niemals wahren inneren Frieden erleben.

Geben Sie Ihren Stress an Jesus ab.

Jesus sagte *nicht*: „Kommt alle zu mir, ich will euch noch mehr Schuld, noch mehr Lasten, noch mehr Stress und noch mehr Sorgen aufbürden." Auch wenn manch einer das zu lehren scheint! Einige Gemeinden neigen dazu, den Druck zu erhöhen, anstatt ihn zu reduzieren. Aber Jesus sagte: „Ich quäle euch nicht. Ich bin euer Heilmittel gegen Stress. Wenn ihr Gemeinschaft mit mir habt und in Eintracht mit mir lebt, werde ich euch innere Stärke geben."

Jesus Christus kann unsere Lebensweise verändern. Durch ihn können wir den Stress hinter uns lassen und ein zufriedenes Leben führen. Stress entsteht vor allem dort, wo wir versuchen, ein Leben ohne den Gott zu führen, der uns erschaffen hat. Wir wollen unseren eigenen Weg gehen und unser eigener Gott sein.

Was können Sie also tun? Wenn Sie Ihr Leben noch nie Jesus anvertraut haben, brauchen Sie Veränderung. Legen Sie Ihr Leben, mit allem Ballast und Stress, in seine Hände und sagen Sie: „Herr, bitte gib mir ein neues Leben. Nimm den Druck, der mich belastet, und ersetze ihn durch den Frieden, den du für mich bereithältst. Hilf mir dabei, deine Prinzipien für den richtigen Umgang mit Stress zu befolgen."

Praktische Schritte

- Welche zwei oder drei dieser acht Prinzipien haben Sie besonders angesprochen und mit welchen sollten Sie sich näher auseinandersetzen?
- Überlegen Sie sich drei konkrete Schritte, wie Sie bereits in der nächsten Woche Ihr Leben vereinfachen und „ent-lasten" können.

2 Wie gehe ich mit Versagen um?

Wir alle machen Fehler, zum Teil sogar sehr schwerwiegende. Aber auch ein solcher Fehler oder ein persönlicher Misserfolg kann noch etwas Gutes bewirken. Ein Ereignis im Leben von Petrus bestätigt diese wunderbare Wahrheit (Lukas 5,1–11): Petrus war mit anderen Fischern die ganze Nacht hindurch mit dem Boot draußen auf dem See, aber sie hatten keinen einzigen Fisch gefangen. Das war eher ungewöhnlich, schließlich war Petrus ja kein Anfänger, sondern ein erfahrener Fischer! Wahrscheinlich besaß er sogar die besten Netze, hatte ein gutes Boot und wusste genau, an welcher Stelle die meisten Fische ins Netz gehen würden. Er hatte die ganze Nacht gearbeitet, denn ein guter Fang bedeutete ein gutes Einkommen. Dennoch kehrte er an diesem Tag mit leeren Netzen zurück. Auch Profis erleben manchmal Misserfolge.

Am nächsten Morgen wuschen die Fischer am Ufer ihre Netze. Sie waren sehr erschöpft und entmutigt. In diesem Augenblick kam Jesus vorbei und sagte: „Petrus, ich möchte dein Boot benutzen, um von dort zu predigen.“ Also stieg Petrus mit Jesus in sein Boot und sie ruderten ein wenig von der Küste weg. Vom Boot aus konnte Jesus zu der Menschenmenge predigen, die sich am Ufer versammelt hatte.

Als er fertig war, wandte Jesus sich an die Fischer: „Und jetzt lasst uns weit hinausfahren und dann werft ihr dort eure Netze zum Fang aus!"

Petrus entgegnete: „Herr, wir haben uns die ganze Nacht abgemüht und nichts gefangen. Aber weil du es sagst, will ich die Netze noch einmal auswerfen." Als die Jünger den Worten Jesu Folge leisteten, war der Fang so reichlich, dass die Netze zu reißen drohten.

Wenn unser Bestes nicht genug ist

Was lehrt uns diese Geschichte über Misserfolg? Jesus vollbrachte niemals Wunder, ohne damit auch ein bestimmtes Ziel zu verfolgen. Er zeigte mit seinen Wundern immer auch bestimmte Prinzipien auf. Dieses Ereignis macht deutlich, was zu tun ist, wenn wir unser Bestes geben, dies aber nicht gut genug ist.

Häufig strengen wir uns gewaltig an, geben uns die größte Mühe und erreichen das Ziel dennoch nicht. Wir bereiten uns intensiv auf eine Prüfung vor und erreichen doch nur ein „befriedigend". Oder wir bemühen uns, unsere Ehe zu verbessern, und können doch keinerlei Fortschritte feststellen. Das Leben kann manchmal sehr hart sein. Es erscheint verlockend, einfach aufzugeben. In solchen Momenten drängt sich uns die Frage auf: „Wozu das Ganze? Es läuft doch nur wieder auf eine weitere Enttäuschung hinaus. Wird sich das jemals ändern?"

Das Interessante an dieser biblischen Geschichte ist der Vergleich zwischen den beiden Fischzügen. Die Jünger hatten die ganze Nacht hindurch schwer gearbeitet und nichts gefangen. Später fuhren sie für nur wenige Minuten erneut hinaus und fingen mehr als jemals zuvor. Es waren der gleiche See, das gleiche Boot, die gleichen Netze und die gleichen Fischer. Was war also dieses Mal anders?

Genau genommen unterscheiden sich die beiden Bootsfahrten in drei Aspekten. Von diesen Aspekten können wir Prinzipien ableiten, die unser Verhalten bestimmen sollen, wenn alle unsere Anstrengungen letztlich nicht zum Erfolg führen. Ich bin davon überzeugt, dass jeder, der diese Prinzipien anwendet, sein Leben erfolgreich meistern wird. Gott wollte, dass sie einfach zu verstehen sind, damit jeder sie anwenden und von ihnen profitieren kann.

Gott ist daran interessiert,
dass wir unser Leben erfolgreich meistern.

Zuerst einmal müssen wir jedoch eines begreifen: Gott ist daran *interessiert*, dass wir unser Leben erfolgreich meistern. Er möchte nicht, dass wir Schiffbruch erleiden. Angenommen, meine Tochter Amy würde zu mir sagen: „Dad, ich bin eine komplette Niete. Alles, was ich anfange, geht schief. Meine Probleme sind unüberwindlich. Ich mache immer alles falsch. Ich bin ein absoluter Versager, und das wird sich nie ändern."

Würde meine Antwort lauten: „Schön, das zu hören! Das gibt mir ein gutes Gefühl"? Natürlich nicht. Als Vater wünsche ich mir, dass meine Kinder erfolgreich sind und das Beste aus ihrem Leben machen. Ebenso möchte unser himmlischer Vater, dass wir erfolgreich sind – in unserem Privatleben, unserer Familie, unserer geistlichen Entwicklung und all unseren Beziehungen.

Es lassen sich drei Prinzipien aus Gottes Wort ableiten, die uns dabei helfen können, das zu erreichen.

Geben Sie Gottes Gegenwart in Ihrem Leben Raum

Einen Anhaltspunkt für das erste erfolgversprechende Prinzip finden wir in Lukas 5, Vers 3: Jesus befand sich mit den Jüngern im Boot. Seine Anwesenheit war ausschlaggebend! Beim zweiten Mal fuhren die Jünger nicht alleine zum Fischen hinaus – Gott war mit ihnen. Das erste Prinzip für ein erfolgreiches Leben lautet: *Geben Sie Gottes Gegenwart in Ihrem Leben Raum.* Mit anderen Worten: Nehmen Sie Jesus mit an Bord! Das ist der Ausgangspunkt. Nichts kann stärker beeinflussen, ob Sie ein wahrhaft erfolgreiches Leben führen, als die Tatsache, ob Sie es mit oder ohne Jesus Christus leben. Petrus bestritt mit dem Boot seinen Lebensunterhalt. Für einen Fischer bildet das Boot die geschäftliche Grundlage seines Lebens. Es ist bezeichnend, dass Petrus Jesus sein Boot zur Verfügung stellte. *Und Jesus gebrauchte den Arbeitsplatz von Petrus für seinen Dienst.*

Jesus gebrauchte den Arbeitsplatz von Petrus für seinen Dienst. Ist Gott an Ihrem Arbeitsplatz willkommen?

Ist Gott an Ihrem Arbeitsplatz willkommen? Steht ihm Ihr Unternehmen jederzeit zur Verfügung? Kann er durch Ihren Beruf andere Menschen erreichen? Allzu oft versuchen wir, das Weltliche vom Geistlichen zu trennen: Unser Leben als Christ verläuft feinsäuberlich getrennt von unserem Berufsleben. Damit hindern wir Gott jedoch daran, unser Unternehmen oder unseren Arbeitsplatz zu segnen. Die Wahrheit ist, dass Gott alles segnen wird, was wir ihm zur Verfügung stellen. Wenn wir ihm unser gesamtes Leben anvertrauen, wird er uns in jeder Hinsicht segnen. Wenn wir ihm jedoch nur einen Teil überlassen, wird er auch nur diesen einen Bereich segnen.

Der Geschäftsführer eines Unternehmens berichtete mir, dass er Gott zu jeder Vorstandssitzung einlädt. Das führt dazu, dass die Vorstandsmitglieder weniger Fehler machen und bei schwierigen Entscheidungen einen größeren inneren Frieden erleben.

Wenn Jesus mit uns im Boot ist, geschieht etwas: Die Angst vor dem Versagen ist weg und wir machen uns weniger Sorgen über den möglichen Ausgang der Ereignisse. Als Petrus sich mit Jesus zusammentat, passierte etwas Unglaubliches: Er fing mehr Fische als jemals zuvor ohne ihn. Aber Achtung – die Reihenfolge ist wichtig! Zuerst stellte Petrus Jesus sein Boot zur Verfügung, damit *Jesus sein Ziel* verfolgen und von dort zu der Menschenmenge predigen konnte. Anschließend, nachdem Christus das Boot für seinen eigenen Dienst gebraucht hatte, kümmerte Gott sich um die Bedürfnisse von Petrus.

Gott gibt uns die Zusage: „Sorgt euch zuerst darum, dass ihr euch seiner Herrschaft unterstellt, und tut, was er verlangt, dann wird er euch schon mit allem anderen versorgen" (Matthäus 6,33). Soll das heißen, wenn wir unser Leben vollständig in die Hände von Jesus Christus legen und ihm in allen Bereichen unseres Lebens oberste Priorität einräumen, dass er dann alles segnen wird? Ja, genau das hat uns Gott versprochen.

Verfolgen Sie Gottes Pläne gemeinsam mit ihm

Das zweite erfolgversprechende Prinzip können wir in Lukas 5, Vers 4 nachlesen. Als die Fischer zum zweiten Mal mit ihren Booten hinausfuhren, taten sie das auf Anweisung von Jesus Christus. Es reicht nicht aus, nur Gottes Gegenwart in unserem Leben zuzulassen, sondern wir müssen auch *in unserem Leben mit Gottes Plänen zusammenarbeiten.* Jesus sagte den Jüngern, wie, wo und wann sie fischen sollten. *Wenn Gott die Führung in Ihrem Leben hat, werden Sie nicht versagen.* Die verstorbene Gospelsängerin Ethel Waters pflegte zu sagen: „Gott leistet sich keine Reinfälle."

Wenn Gott die Führung in Ihrem Leben hat, werden Sie nicht versagen.

Petrus' Reaktion auf die Anweisung von Jesus war klasse. Zum einen diskutierte er nicht herum: „Moment mal, Jesus! Ich bin einer der besten Fischer auf diesem See. Ich habe Rekorde aufgestellt. Wer bist du denn schon, dass du mir vorschreibst, wie ich zu fischen habe?" Er fragte nicht: „Herr, bist du dir auch sicher?" Er stellte keine Fragen und er zögerte nicht. Vielleicht dachte Petrus insgeheim, wenn er nachts nichts gefangen hatte, würden tagsüber erst recht keine Fische ins Netz gehen, wenn die Sonne hell auf die Wasseroberfläche strahlt. Aber Petrus stellte keine Fragen, er gehorchte einfach.

Er verließ sich auch nicht auf seine Gefühle. Vermutlich war er hundemüde, schließlich hatte er die ganze Nacht gearbeitet. Dennoch fragte er nicht: „Wozu der ganze Aufwand? Warum soll ich es noch einmal probieren?" Sein Verhalten war genau so, wie es sein sollte. Er war darauf bedacht, sich Gottes Plan zu unterstellen und mit ihm zusammenzuarbeiten.

Warum sagte Jesus zu Petrus: „Werft eure Netze aus, wo es tief ist"? Wahrscheinlich, weil sich die großen, dicken Fische im tiefen Wasser tummeln. Im flachen Wasser fängt man nur kleine Fische. Die meisten Menschen verbringen ihr ganzes Leben in einem solchen flachen Wasser. Sie führen ein oberflächliches Leben; es weist wenig Tiefgang auf. Es genügt ihnen, ein wenig im seichten Wasser herumzuplanschen. Sie trauen sich nicht in das tiefe Wasser. Und warum nicht? Weil es im flachen Wasser sicherer ist. Sie denken: „Wenn ich mich in das tiefe Wasser vorwage, könnten Wellen kommen. Sie könnten mein Boot erfassen und zum Kentern bringen. Da bleibe ich doch lieber da, wo es sicher und behaglich ist, und vertreibe mir hier die Zeit."

Wenn Gott in unserem Leben am Werk ist, ist das immer mit Risiken verbunden, denn Gott möchte, dass wir aus dem Glauben heraus leben. Viele Christen wagen sich nur mit den Zehenspitzen ins Wasser, aus Angst, sie könnten überfordert werden und untergehen. Sie überlegen sich: „Wenn ich mein Versprechen Gott gegenüber wirklich ernst nehme, macht er mich womöglich zu einem Fanatiker. Vielleicht wird meine Familie sauer sein. Was werden meine Freunde denken?" Und deshalb begnügen sie sich mit einem Leben im flachen Wasser – und dabei entgeht ihnen so viel.

Gottes Plan für Ihr Leben ist ein guter Plan, er ist zu Ihrem Besten. Gott sagt: „Nimm mich mit in dein Boot. Lass mich überall dort gegenwärtig sein, wo du dich aufhältst – an deinem Arbeitsplatz, in deiner Familie, deiner Ehe, einfach in jedem Bereich. Lass mich dir den Weg zeigen. Werde Teil meines Plans und arbeite mit mir zusammen."

Rechnen Sie damit, dass Gott seine Versprechen erfüllt

Das dritte erfolgversprechende Prinzip finden wir in Lukas 5, Vers 5: „Weil du es sagst …“ Um nach einem Misserfolg wieder Boden unter die Füße zu bekommen, *müssen Sie damit rechnen, dass Gott seine Versprechen halten wird.* Als die Jünger zum zweiten Mal hinausfuhren, handelten sie aufgrund der von Gott gegebenen Zusagen. Sie fischten erneut, weil sie darauf vertrauten, dass Gott für Fische sorgen würde. Jesus sagte nicht explizit: „Petrus, wenn du mit mir hinausfährst, verspreche ich dir einen ertragreichen Fang.“ Er musste dies nicht erst aussprechen. Petrus wusste auch so, wenn Christus ihm den Auftrag zum Fischen gab, persönlich mit ihm ins Boot stieg und erklärte, wo er die Netze zum Fang auswerfen soll, würden diese nicht leer bleiben! Petrus rechnete mit Gottes Wirken. Er verließ sich darauf, dass Gott sein Versprechen einhält. Petrus vertraute nicht auf sein eigenes Können als Fischer, deshalb hatte er auch keine Angst vor einem Misserfolg. Er vertraute Gottes Verheißungen.

> Petrus vertraute nicht auf sein eigenes Können.
> Er vertraute Gottes Verheißungen.

Wenn Sie sich der Gegenwart Gottes in Ihrem Boot gewiss sind, wenn Sie Gottes Plan verstanden und seine

Zusagen in Ihrem Herzen verinnerlicht haben, können Sie gar nicht scheitern. Erwarten Sie wunderbare Resultate.

Es funktioniert auch in Ihrem Leben

Vielleicht wenden Sie nun ein: „Das klingt zwar toll, aber Sie kennen meine Lebensumstände nicht. Meine Probleme erdrücken mich. Ich mache schwere Zeiten durch." Vielleicht haben Sie den Eindruck, dass Ihnen die derzeitigen Umstände die Luft abschnüren? Dann schlage ich Ihnen Folgendes vor: Suchen Sie in der Bibel konkrete Verheißungen Gottes heraus und nehmen Sie deren Erfüllung für sich in Anspruch. Erwarten Sie, dass Gott aktiv eingreift, und Sie werden erleben, dass Gottes Verheißungen in hoffnungslosen Situationen neue Hoffnung geben. Wahrer Erfolg beginnt oft mit einem Misserfolg.

Ich kenne ein Ehepaar, das unter großen Beziehungsproblemen litt. Die Situation schien ausweglos. Doch beide Partner hatten den Eindruck, Gott würde ihnen sagen: „Ich möchte, dass ihr zusammenbleibt. Gebt nicht auf." Ohne irgendeinen äußeren Anlass verhielten sie sich genau wie Petrus. Sie sagten: „Herr, wir haben lange ohne Erfolg für diese Ehe gekämpft. Aber weil du es sagst, bleiben wir weiter dran." Heute führen sie eine glückliche Ehe und engagieren sich gemeinsam in der Gemeinde.

Was passierte, als die Jünger den Auftrag Jesu ausführten? Sie „fingen so viele Fische, dass die Netze zu reißen drohten“ (Lukas 5,6). Gott segnete sie über alle Maßen. Er gab ihnen mehr, als sie bewältigen konnten. Das ist immer der Fall, wenn wir Gottes Gegenwart in unserem Leben zulassen, uns seinem Plan unterstellen, mit ihm zusammenarbeiten und fest mit der Erfüllung seiner Verheißungen rechnen – wir werden mehr Segen empfangen, als wir für uns selbst benötigen. In Vers 7 heißt es sogar, dass die Jünger andere Fischer herbeirufen und den Fang umladen mussten, damit ihr Boot durch die Last nicht sank. So lässt es sich doch wunderbar leben!

Die Schlussfolgerung daraus lautet: Gott möchte unser Leben nicht nur segnen, sondern uns derart mit Segen überschütten, dass wir den Segen an andere weitergeben müssen, um nicht in dieser Fülle zu ertrinken. Gott möchte nicht nur *Sie selbst*, sondern auch Menschen *durch Sie* segnen – Menschen, deren Netze leer sind. Gott gab auch den Jüngern mehr, als diese für sich selbst benötigten.

> Gott möchte unser Leben nicht nur segnen,
> sondern uns derart mit Segen überschütten,
> dass wir den Segen an andere weitergeben müssen,
> um nicht in dieser Fülle zu ertrinken.

Petrus war von diesem Wunder so begeistert, dass er laut ausrief: „Herr, das habe ich nicht verdient! Ich bin ein sündiger Mensch. So viel Gutes habe ich nicht verdient."

Jesus entgegnete ihm: „Hab keine Angst! Von jetzt an wirst du Menschen fischen" (Vers 10). Und so zogen die Jünger ihre Boote an Land, ließen alles zurück und folgten Jesus.

Die Begebenheit wurde zu einem Wendepunkt im Leben von Petrus und der anderen Jünger.

Was passierte, als die Gruppe der Fischer wieder an Land kam? Die Jünger ließen den größten Fang ihres Lebens am Ufer zurück und folgten Jesus nach! Sie begriffen, wenn Jesus ein solches Wunder vollbringen konnte, wäre ihm auch alles andere möglich. Die Jünger wussten, solange sie ihm nachfolgten, würden ihre Bedürfnisse mehr als gestillt sein. Jesus Christus würde sich um sie kümmern, gleichgültig, was passierte. Sie wollten eine Beziehung zu ihm, die nicht auf ein einmaliges Wunder begrenzt war. Dann lud Jesus Christus sie ein, bei der wichtigsten Aufgabe überhaupt mitzuwirken: „Ich werde euch zu Menschenfischern machen. Ihr werdet meine Gute Nachricht an andere weitergeben."

Versuchen Sie es noch einmal – mit Jesus im Boot

Inwieweit ist diese Begebenheit für Ihr Leben von Bedeutung? Vielleicht geht es Ihnen wie den Jüngern, bevor Jesus Christus auftauchte: „Ich plage mich Tag und Nacht und trotzdem stehe ich mit einem leeren Netz da.“ Denken Sie so über Ihre Ehe, Ihren Beruf oder andere persönliche Probleme? Sie sehen keinerlei Fortschritte in Ihrem Leben und fragen sich deshalb: „Wozu das Ganze? Warum soll ich es weiter versuchen? Wozu all die Mühe?“ Vielleicht sehen Sie das Leben sogar etwas zynisch.

Petrus wurde nicht zynisch. Er klagte nicht: „Herr, ich habe zehn Stunden umsonst gearbeitet. Es gibt wahrscheinlich keine Fische mehr in diesem See.“ Er war sich sicher, dass es Fische gab – sie waren ihm nur noch nicht ins Netz gegangen.

Nur weil Sie Ihr Problem noch nicht gelöst haben, heißt das noch lange nicht, dass es keine Lösung gibt! Oft lernen wir erst durch einen Misserfolg die Lektionen, die uns zum Erfolg führen. Gottes Botschaft an Sie lautet: *Gib nicht auf! Versuche es erneut, aber dieses Mal mit Jesus in deinem Boot. Mit ihm zusammen wird alles anders.*

Praktische Schritte

- Konzentrieren Sie sich auf ein spezielles Problem in Ihrem Leben. Suchen Sie mit Ihrem Bibelkreis oder unter Zuhilfenahme biblischer Texte oder einer Konkordanz Verheißungen in der Bibel, die auf Ihre Situation zutreffen.
- Welches „Boot" in Ihrem Leben könnte Gott für seine Arbeit verwenden?

3

Wie kann ich Depressionen überwinden?

Depressionen gehören zu den größten Problemen unserer Zeit. Depressionen sind sozusagen der Schnupfen unter den psychischen Erkrankungen – wenn man sich nicht vorsieht, hat man sie sich ganz schnell eingefangen. Wir alle sind hin und wieder niedergeschlagen, aber manche Menschen werden nahezu immer von negativen Gefühlen geplagt. Und das betrifft keinesfalls nur arme oder kranke Menschen. Selbst einige der großen Propheten litten unter Depressionen. Elija ist dafür ein gutes Beispiel.

Elija galt als ein ausgezeichneter Prophet. Drei Jahre lang war er für das Volk Israel das Sprachrohr Gottes. Die unterschiedlichsten Wunder geschahen, und es ging ein geistliches Erwachen durch das Volk, das zuvor in die Anbetung heidnischer Götzen verstrickt gewesen war.

Es gab jedoch eine Person, die Elija nicht mochte: Isebel, die Königin von Israel. Sie war eine boshafte Frau und hasste Elija wegen des Einflusses, den er als

Prophet des lebendigen Gottes hatte. Nach einem besonders großen Wunder – Elija ließ auf dem Berg Karmel Feuer vom Himmel auf den Altar fallen – berichtete König Ahab seiner Frau Isebel von dem, was sich ereignet hatte. Diese wurde daraufhin so wütend, dass sie Elija eine Botschaft überbringen ließ: „Die Götter sollen mich strafen, wenn ich dich morgen um diese Zeit nicht ebenso umbringen werde, wie du meine Propheten umgebracht hast" (1. Könige 19,2). Mit anderen Worten: „Wenn ich es nicht schaffe, dich innerhalb der nächsten vierundzwanzig Stunden umzubringen, werde ich mich selbst töten."

Elija, der drei Jahre keine Furcht gekannt hatte, wurde bei dieser Morddrohung von Isebel von Angst überwältigt und flüchtete in die Wüste. Dort wurde er trübsinnig (Verse 3–5). Er setzte sich unter einen Ginsterstrauch und wünschte sich den Tod herbei: „Herr, ich kann nicht mehr. Lass mich sterben! Ich bin nicht besser als meine Vorfahren."

Deprimiert wie Elija?

Elija war prädestiniert dafür, an Depression zu erkranken – er war körperlich erschöpft, emotional ausgebrannt und dazu noch von einer Morddrohung eingeschüchtert. In diesem Augenblick war er in emotionaler Hinsicht reif für die Insel. Ihn plagten die unterschiedlichsten Probleme: Angst, Verbitterung, Schuldgefühle, Wut, Einsamkeit und Sorgen. Im Brief des Jakobus heißt es später über ihn: „Elija war auch nur ein Mensch wie wir" (Jakobus 5,17). Er hatte die gleichen Probleme wie wir und litt darüber hinaus unter Depressionen.

Elija war derart trübsinnig, dass er bereit war zu sterben. Warum geraten wir in ein derartiges emotionales Durcheinander? Manchmal wegen unerfreulicher Ereignisse oder negativer Umstände in unserem Leben. Aber in den meisten Fällen wegen *falscher Gedanken.* Tatsache ist: *Unsere Emotionen werden von unseren Gedanken gesteuert.*

> Wenn wir eine negative Haltung haben,
> werden wir uns auch unbehaglich fühlen,
> weil unsere Gefühlswelt von unserer Einstellung
> zum Leben beeinflusst wird.

Wenn wir eine negative Haltung haben, werden wir uns auch unbehaglich fühlen, weil unsere Gefühlswelt von unserer Einstellung zum Leben beeinflusst wird. Betrachten wir das Leben aus einer negativen Perspektive, werden wir deprimiert sein.

Wollen wir von diesen negativen Emotionen frei werden, müssen wir unser Denken verändern. In der Bibel steht, dass Gott uns umwandeln kann, damit *„euer ganzes Denken erneuert wird"* (Römer 12,2). Um Depressionen und Niedergeschlagenheit zu überwinden, müssen wir Gott unsere falsche Einstellung zum Leben korrigieren lassen. Jesus erklärte: „Dann werdet ihr die

Wahrheit erkennen und die Wahrheit wird euch frei machen" (Johannes 8,32). Betrachten wir das Leben aus der richtigen Perspektive, sind wir auf einem guten Weg, nicht an Depressionen zu erkranken. Die einzige Möglichkeit zur Veränderung unseres Gemüts- und Gefühlszustands besteht in der Neuausrichtung unseres Denkens. Lassen Sie uns einen Blick darauf werfen, wie sich das ganz praktisch bewerkstelligen lässt.

Gedankengänge

Richten Sie Ihre Aufmerksamkeit auf die Fakten und nicht auf die Gefühle

Warum war Elija so niedergeschlagen? Er hatte sich auf vier Gedankengänge eingelassen, die wir nur allzu gut kennen, wenn wir deprimiert sind. Der erste Gedankengang wird in 1. Könige 19, Verse 3 und 4 beschrieben: „Da packte Elija die Angst und er floh, um sein Leben zu retten ... Dann setzte er sich unter einen Ginsterstrauch und wünschte den Tod herbei." Er klagte: „Herr, ich kann nicht mehr! Ich mach da nicht mehr mit. Ich verschwende mein Leben. Ich versuche, dir zu dienen, aber das Volk hört einfach nicht zu. Ich hab's satt! Es ist zwecklos weiterzumachen. Ich gebe auf."

Welchen Fehler beging Elija zuerst? Den gleichen, der uns in Zeiten der Niedergeschlagenheit unterläuft: *Wir verlassen uns auf unsere Gefühle und sehen nicht auf die Fakten.* Das passiert schnell, wenn man deprimiert ist. Wir konzentrieren uns auf das Gefühl und sind blind für die Realität. Elija fühlte sich wie ein Versager, obwohl ihn nur ein einziger bedrohlicher Vorfall einschüchterte. Er redete sich ein: „Ich bin so ein Feigling – warum mache ich mir überhaupt die Mühe?" Weil er sich als Feigling *fühlte,* kam er zu der Schlussfolgerung, dass er ein Feigling *war.*

„Wenn ich mich so fühle, muss es doch auch so sein."

Man nennt dieses Phänomen der emotionalen Bewertung von Situationen „Emotional Reasoning". Es ist eine destruktive Einstellung, nach dem Motto: „Wenn ich mich so fühle, muss es doch auch so sein." Musiker, Sportler und Fernsehstars kennen das. Oft haben sie nach einem Auftritt das Gefühl, dass sie eine schlechte Leistung erbracht haben, und sehen sich als Versager. Und doch wissen sie, dass sie lernen müssen, dieses Gefühl zu ignorieren, eben weil *Gefühle nicht immer der Wahrheit entsprechen.* Gefühle verfälschen die Tatsachen und sind sehr unzuverlässig.

Ein Beispiel: Einige Wochen nach meiner Hochzeit wachte ich eines Morgens auf und sagte zu Kay: „Weißt du, Schatz, ich fühle mich gar nicht verheiratet."

Sie erwiderte: „Das macht nichts, mein Lieber. Du bist es!"

Auch ich habe nicht immer das Gefühl, Gott nahe zu sein. Das bedeutet aber nicht, dass ich tatsächlich weit von ihm entfernt bin. Ich fühle mich nicht immer wie ein Christ, aber ich bin einer. Gefühle täuschen uns oft, und wenn wir uns eher auf unsere Gefühle statt auf Fakten konzentrieren, werden wir bald in Schwierigkeiten geraten. Wenn wir zum Beispiel in einem bestimmten Bereich Fehler machen, kommt es uns häufig so vor, als hätten wir auf der ganzen Linie versagt. Das ist jedoch ein Irrglaube. Jeder darf Fehler machen, und selbst wenn wir in einigen Bereichen Schwäche zeigen, sind wir nicht automatisch Totalversager.

Die meisten Psychologen vertreten die Meinung, dass ein Schlüssel zu guter Gesundheit darin liege, sich der Gefühle bewusst zu werden und ihnen freien Lauf zu lassen. Das alleine kann aber nicht die Lösung sein, da Gefühle nun einmal unzuverlässig sind. Die Bibel weist uns hingegen nicht an, uns mit unseren *Gefühlen* auseinanderzusetzen, sondern mit der Wahrheit. Wir sollen unsere Aufmerksamkeit auf die Wahrheit richten und sie wird uns befreien (Johannes 8,32).

Vermeiden Sie es, sich mit anderen zu vergleichen

Elijas zweiter Fehler wird in seinem Gebet deutlich: „Herr, ich kann nicht mehr. Lass mich sterben! Ich bin nicht besser als meine Vorfahren" (1. Könige 19,4). Ein zweiter Grund für das Auftreten von Depressionen ist, dass *wir uns mit anderen Menschen vergleichen.* Die meisten von uns kennen den Gedanken: „Wenn ich doch nur wie Soundso wäre, dann wäre ich glücklich und zufrieden."

> **Sobald wir beginnen, uns mit anderen Menschen zu vergleichen, beschwören wir die Schwierigkeiten förmlich herauf.**

Sobald wir beginnen, uns mit anderen Menschen zu vergleichen, beschwören wir die Schwierigkeiten förmlich herauf. Wir sollten uns nicht mit anderen Menschen vergleichen, denn jeder von uns ist ein Unikat. Sie sind einzigartig. Wenn Sie ständig versuchen, andere zu imitieren und sich wie sie zu geben, werden Sie deprimiert sein. Die einzige Person, die Sie sein können, sind *Sie selbst*. Das ist es, was Gott von Ihnen will und erwartet.

Vergleichen wir uns mit anderen Menschen, geraten wir in eine weitere Falle: Wir neigen dazu, unsere Schwächen mit den Stärken anderer Menschen zu messen, vergessen dabei jedoch, dass diese Menschen in Bereichen Schwächen zeigen, in denen wir Stärken besitzen. Manchmal versuchen wir, uns selbst durch Kritik und Selbstverurteilung zu motivieren: „Ich *sollte* so sein wie der und der. Ich *sollte* fähiger sein. Ich *sollte* das können. Ich *sollte* damit aufhören." Als ob uns diese Form verbaler Hiebe motivieren könnte! Gemecker, Nörgelei und Selbstkritik helfen weder bei anderen noch bei uns selbst.

Vermeiden Sie es, die Verantwortung für etwas zu übernehmen, das gar nicht Ihre Schuld ist

Elijas dritter Fehler bestand darin, dass er die Schuld für die negativen Umstände auf sich nahm, obwohl er diese gar nicht zu verantworten hatte. Elija sagte: „Herr, ich habe mich leidenschaftlich für dich, den Gott Israels und der ganzen Welt, eingesetzt; denn die Leute von Israel haben den Bund gebrochen, den du mit ihnen geschlossen hast; sie haben deine Altäre niedergerissen und deine Propheten umgebracht" (1. Könige 19,10). Eigentlich sagte er: „Ich habe drei Jahre hart gearbeitet, dennoch sind sie dir nicht nähergekommen. Ich habe alles Menschenmögliche getan, aber sie pflegen denselben Lebensstil weiter wie bisher."

> Wir können Menschen zwar manchmal beeinflussen, aber wir können Menschen nicht kontrollieren.

Aufgrund seiner Depressionen übernahm er die Verantwortung dafür, dass das Volk sein Verhalten nicht änderte. Er nahm es persönlich. Ein dritter Fehler, der zu Depressionen führen kann, ist die *Übernahme falscher Verantwortung.* Wenn wir das tun, werden wir unweigerlich deprimiert sein. Wenn wir Verantwortung übernehmen, die uns von Gott nicht zugedacht ist, wird die Last zu schwer und bedrückt uns unnötig.

Wenn wir sehr hilfsbereite Menschen sind, werden

wir früher oder später feststellen, dass die anderen nicht immer so reagieren, wie wir es erwarten – ganz gleich, ob es sich hierbei um unsere Kinder, Freunde, Ehepartner oder Arbeitskollegen handelt. Menschen reagieren einfach unterschiedlich. Für ihre Reaktionen können wir keine Verantwortung übernehmen.

Gott hat jedem von uns einen freien Willen gegeben. Wenn wir nun die Verantwortung für die Entscheidungen anderer Menschen übernehmen, akzeptieren wir damit eine Last, die uns nur unnötig bedrückt. Wir können Menschen zwar manchmal *beeinflussen*, aber wir können Menschen nicht *kontrollieren*. Die Entscheidung treffen letztlich die anderen. Lassen Sie sich nicht von Dingen belasten, die Sie nicht kontrollieren können.

Vermeiden Sie es, negative Dinge zu übertrieben zu sehen

Der vierte Fehler von Elija bestand in seiner *überzogenen negativen Haltung*. Er bedauerte sich selbst: „Ich allein bin übrig geblieben und nun wollen sie auch mich töten“ (Vers 10). Elija badete regelrecht in Selbstmitleid: „Alle sind gegen mich.“ Fakt war aber, dass sich fast niemand gegen ihn stellte. Nur eine einzige Person drohte ihm mit Gewalt. Und Isebels Drohung war nicht einmal ernst zu nehmen. Hätte Elija über seine Situation nachgedacht, anstatt auf seine Gefühle zu hören, hätte er festgestellt, dass Isebel letztlich viel zu feige war, ihn zu töten. Die Königin sandte stattdessen einen Boten mit der Morddrohung. Wäre es Isebel tatsächlich ernst gewesen, Elija umzubringen, hätte sie nicht zuvor einen Boten zur Warnung, sondern gleich einen Auftragskiller geschickt!

**Wenn wir deprimiert sind,
übertreiben wir grundsätzlich das Negative.**

Isebel war zu intelligent, um Elija wirklich töten zu lassen. Sie wusste um seinen großen Einfluss auf seine israelitischen Landsleute. Hätte man ihn getötet, wäre er zum Märtyrer geworden. Das hätte seinen Einfluss noch verstärkt und wahrscheinlich im Land einen Aufstand verursacht. Abgesehen davon hatte Isebel wahrscheinlich Angst vor dem, was Gott ihr antun würde, wenn sie seinem Propheten Schaden zufügte. Ihre Worte waren deshalb nur eine leere Drohung. Sie ließ Elija in die Wüste entkommen, weil sie nicht ernsthaft beabsichtigte, seinem Leben ein Ende zu setzen. Ihr Ziel war es, Elija vor dem Volk wie einen Feigling dastehen zu lassen. Oder sie wollte ihn dazu bringen, aus der Gegend zu verschwinden, damit er keine weiteren Wunder vollbringen konnte.

Aber Elija nahm sich nicht die Zeit, die Ernsthaftigkeit der Drohung zu prüfen. Stattdessen lief er einfach weg. *Wenn wir deprimiert sind, übertreiben wir grundsätzlich das Negative.* Alles erscheint furchtbar schlimm, die ganze Welt um uns herum bricht zusammen. In Wirklichkeit war Elija gar nicht der Einzige, der Gott treu ergeben war. Es gab noch siebentausend andere Männer, die nicht der heidnischen Religion huldigten (Vers 18). Elija dramatisierte die Situation und fiel in ein tiefes Loch.

Ein weiterer wichtiger Aspekt dieses Prinzips ist, dass wir leicht geneigt sind, uns selbst einen Stempel aufzudrücken. Anstatt zu sagen: „Ich habe einen Fehler gemacht", sagen wir: „Ich bin ein totaler Versager." Anstatt zu sagen: „Hoppla, ich bin gestolpert", sagen wir: „Ich bin ein absoluter Tollpatsch." Anstatt zu sagen: „Ich habe zu viel gegessen", sagen wir: „Ich bin ein unersättlicher Vielfraß." Wenn wir uns selbst mit solchen negativen Titeln belegen, vergrößern wir nur unsere Probleme und verschlimmern die Situation.

Gottes Rezept gegen Depressionen

Wie sah Gottes Rezept gegen Elijas Schwermut aus? Es gibt vier Dinge, die Elija getan hat, um sein Tief zu überwinden, und die auch uns in solchen Situationen helfen können.

Achten Sie auf Ihre körperlichen Bedürfnisse

Das erste Rezept lautet: *Achten Sie auf Ihre körperlichen Bedürfnisse.* In der Bibel steht, dass Elija sich unter einen Ginsterstrauch legte und einschlief. „Aber ein Engel kam, weckte ihn und sagte: ‚Steh auf und iss!' Als Elija sich umschaute, entdeckte er hinter seinem Kopf ein frisches Fladenbrot und einen Krug mit Wasser. Er aß und trank und legte sich wieder schlafen" (1. Könige 19,5–6).

Ein gesunder Körper hat einen großen Einfluss auf unsere Stimmungen.

Aber der Engel des Herrn weckte Elija erneut: „Steh auf und iss! Du hast einen weiten Weg vor dir" (Vers 7). Und so aß und trank der Prophet und wurde dadurch gestärkt.

Gottes erstes Rezept gegen Elijas Depressionen bestand aus Essen, Trinken und Entspannung. Guter Schlaf in der Nacht kann Wunder bewirken. Wenn wir körperlich erschöpft und geistig ausgelaugt sind, neigen wir zu Niedergeschlagenheit. Es ist bemerkenswert, wie liebevoll sich Gott um Elija sorgte. Er macht ihm keine Vorwürfe: „Du Feigling! Was machst du denn hier in der Wüste?" Gott machte ihn nicht nieder und verurteilte ihn nicht. Stattdessen gab er ihm Nahrung und eine Zeit der Ruhe. Gott schenkte Elija neue körperliche Kraft. *Das war der Anfang*. Wenn wir schwermütig und deprimiert sind, besteht der erste Schritt zur Besserung darin, körperlich wieder fit zu werden, auf gesundheitliche Bedürfnisse, die Ernährung, ausreichend Schlaf zu achten und auch Sport zu treiben. Ein gesunder Körper hat einen großen Einfluss auf unsere Stimmungen.

Geben Sie Ihre Frustration an Gott ab

Das zweite Rezept gegen Depressionen lautet: *Geben Sie all Ihren Frust an Gott ab.* Nachdem Elija dank Essen, Trinken und Entspannung wieder bei Kräften war, wanderte er vierzig Tage. Dann kam er zu einer Höhle, in der er sich schlafen legte (Verse 8–9). Am Morgen hörte er die Stimme Gottes: „Elija, was willst du hier?"

> Gott erlaubte Elija, Dampf abzulassen, ohne über seine Klagen empört zu sein.

Elija antwortete: „Herr, ich habe mich leidenschaftlich für dich, den Gott Israels und der ganzen Welt, eingesetzt; denn die Leute von Israel haben den Bund gebrochen, den du mit ihnen geschlossen hast; sie haben deine Altäre niedergerissen und deine Propheten umgebracht. Ich allein bin übrig geblieben und nun wollen sie auch mich noch töten" (Vers 10). Elija schüttete ihm sein Herz aus. Gott erlaubte ihm, Dampf abzulassen, ohne über Elijas Klagen empört zu sein.

Gott ermutigte ihn sogar: „Erzähl mir, was in dir vorgeht. Ich weiß doch, wie es in dir aussieht, und es kann mich nicht schockieren." Elija durfte seinem angestauten Frust Luft machen, ohne von Gott kritisiert oder verurteilt zu werden. Gott hörte zu. Es ist oft hilfreich, mit einem Christen über die Dinge zu sprechen, die uns bewegen. Das ist wie ein inneres Auf- und Ausräumen all dessen, was wir bislang verdrängt haben und was die Ursache für unsere Schwermut ist.

Elija hatte viel unterdrückt. Er war sechs verschiedenen Gefühlen ausgesetzt: Ihn plagte *Angst* (Vers 3), er verspürte *Unmut* und er hatte ein geringes Selbstwertgefühl. Dann empfand er *Schuld*: „Herr, ich kann nicht mehr ... Ich bin nicht besser als meine Vorfahren" (Vers 4). Er war voller *Wut*, weil er zwar hart, aber erfolglos gearbeitet hatte (Vers 10). Er empfand *Einsamkeit* und dieses Gefühl brachte ihn fast an den Rand der Verzweiflung: „Und nun wollen sie auch mich noch töten" (Vers 10). Er machte sich *Sorgen*. Wenn Sie Angst, Unmut, Schuld, Wut, Einsamkeit und Sorgen zusammennehmen, fordern Sie Depressionen förmlich heraus!

Gott befreite Elija von all dem. Er sagte: „Elija, was macht dich so unmutig? Was plagt dich?" Und Elija ließ seinem Frust freien Lauf. Wenn wir deprimiert sind, sollten wir genau das tun – Gott all unser Leid klagen.

Machen Sie sich Gottes Gegenwart neu bewusst

Das dritte Rezept gegen Depressionen lautet: *Machen Sie sich Gottes Gegenwart in Ihrem Leben neu bewusst.* Gott ermunterte Elija: „„Komm aus der Höhle und tritt auf den Berg vor mich hin! Ich werde an dir vorübergehen!‘ Da kam ein Sturm, der an der Bergwand rüttelte, dass die Felsbrocken flogen. Aber der Herr war nicht im Sturm. Als der Sturm vorüber war, kam ein starkes Erdbeben. Aber der Herr war nicht im Erdbeben. Als das Beben vorüber war, kam ein loderndes Feuer. Aber der Herr war nicht im Feuer. Als das Feuer vorüber war, kam ein ganz leiser Hauch. Da verhüllte Elija sein Gesicht mit dem Mantel, trat vor und stellte sich in den Eingang der Höhle“ (Verse 11–13).

Auch heute *spricht Gott normalerweise in der Stille und Ruhe zu uns* und nicht durch gewaltige Feuerspektakel und überwältigende Effekte.

Gott hatte mit dem Sturm, dem Erdbeben und dem Feuer eine beeindruckende Show hingelegt, aber er verwandte keines der Szenarien, um dadurch mit Elija zu sprechen. Elijas Aufmerksamkeit erweckte er mit der sanften Stimme, dem leisen Hauch. Auch heute *spricht Gott normalerweise in der Stille und Ruhe zu uns* und nicht durch gewaltige Feuerspektakel und überwältigende Effekte. Gott bestätigte Elija, dass er immer noch an seiner Seite war.

Wenn Sie deprimiert sind, sollten Sie Ihre Bibel nehmen und sich einen ruhigen, ungestörten Platz am Ufer eines Gewässers, auf einer Bank im Park oder in der freien Natur suchen. Machen Sie es sich dort bequem und lesen Sie in der Bibel. Verbringen Sie Zeit mit Gott.

Erlauben Sie Gott, Ihnen seine Liebe zu zeigen und zu Ihnen zu sprechen. Erlauben Sie ihm, Ihre Bedürfnisse zu stillen. Erspüren Sie seine Gegenwart. Es gibt kein besseres Antidepressivum als eine Zeit des Zwiegesprächs und der Gemeinschaft mit Gott.

Lassen Sie sich von Gott eine neue Ausrichtung für Ihr Leben geben

Das vierte Rezept zur Überwindung von Depressionen lautet: *Lassen Sie sich von Gott eine neue Ausrichtung für Ihr Leben geben.* Gott befahl Elija: „Geh den Weg zurück, den du gekommen bist! Geh bis nach Damaskus und dann mach Folgendes ..." (vgl. Vers 15). Gott gab Elija einen neuen Auftrag – und sandte ihn wieder zurück an die Arbeit. Die effektivste Maßnahme zur Überwindung von Depressionen besteht darin, sich nicht in Selbstmitleid zu ergehen, sondern tatkräftig aufzustehen und weiterzumachen. Keine Nabelschau zu betreiben, sondern auf die Bedürfnisse anderer Menschen zu schauen. Teil von deren Leben zu werden und Aufgaben zu übernehmen, in denen wir etwas geben können und in denen auch Gott durch uns wirken wird. Wenn wir uns immer nur auf uns selbst konzentrieren, werden wir entmutigt werden. Jesus sagte: „Denn wer sein Leben retten will, wird es verlieren" (Matthäus 16,25). Seien Sie eine Hilfe für andere Menschen!

**Wir können Gott niemals enttäuschen.
Ein begangener Fehler – oder auch Hunderte – macht Sie nicht für den Rest des Lebens nutzlos.**

Wenn wir deprimiert sind, überkommen uns gerne Selbstzweifel: „Wie könnte Gott mich schon gebrauchen? Ich bin so ein Versager. Dauernd mache ich alles falsch. Ich bin von mir enttäuscht, also muss auch Gott von mir enttäuscht sein." *Dabei können wir Gott niemals enttäuschen.* Zu Enttäuschungen kann es nur kommen, wenn jemand zu hohe Erwartungen an uns stellt. Fakt ist: *Gott weiß alles über uns.* Er weiß bereits im Voraus, wie wir uns verhalten werden, und ist nicht enttäuscht, wenn es so eintritt. Gott kennt Sie als den Menschen, den er erschaffen hat, und er weiß um die Art und Weise, wie Sie denken und leben.

Lassen Sie sich von Gott ein neues Ziel und eine neue Ausrichtung geben. Er lässt Sie nicht fallen. Sie haben Mist gebaut? Das ist schlecht! Aber wenn Sie es Gott erlauben, wird er Ihnen wieder aufhelfen und Sie bei einem Neubeginn unterstützen. Ein begangener Fehler – oder auch Hunderte – macht Sie nicht für den Rest des Lebens nutzlos.

Jesus Christus möchte uns gerne aus unserer Niedergeschlagenheit herausholen. Er kann uns helfen. Er kann uns verändern. Wir müssen nicht durchs Leben gehen und uns von unseren Emotionen manipulieren lassen. Unsere Gefühle werden zwar von unseren Gedanken kontrolliert, aber was wir denken, das *können* wir kontrollieren. Wir entscheiden, wie wir unser Denken verändern, und bestimmen damit indirekt auch unsere Gefühle. Legen Sie so mit Gottes Hilfe destruktive Fehleinschätzungen ab wie:

- „Wenn jemand mich kritisiert heißt das, ich bin wertlos."
- „Ich muss von *allen* geliebt und anerkannt werden, um ein erfülltes Leben führen zu können."
- „Ich darf in keinem Bereich Schwäche zeigen; ich muss perfekt sein, ansonsten bin ich ein Versager."

Diese Art von Fehleinschätzungen verursacht ebenfalls Depressionen. Jesus wusste, wie wichtig es ist, dass wir das Richtige denken, als er sagte: „Dann werdet ihr die Wahrheit erkennen und die Wahrheit wird euch frei machen" (Johannes 8,32). Je enger Ihre Beziehung zu Jesus ist, je besser Sie ihn kennen, desto freier werden Sie sein.

Sie können sich verändern

Sie *können* sich verändern! Worin besteht der erste Schritt? Sie müssen eine persönliche Beziehung zu Jesus Christus eingehen. Die Bibel nennt das „wiedergeboren werden". Damit ist nicht sofort automatisch jede Depression, jede Niedergeschlagenheit überwunden, aber ohne Jesus Christus in unserem Leben fehlt uns die Kraft zur Veränderung. Mit Jesus Christus in unserem

Leben werden wir jedoch die nötige Kraft besitzen. Er möchte ein wichtiger Teil unseres Lebens sein, und wenn wir ihm die Kontrolle anvertrauen, wird er uns helfen. Wenn er in unserem Leben Raum hat, können wir ihn bitten, uns ein neues Ziel und eine neue Ausrichtung für unser Leben zu geben.

Sie müssen für etwas Größeres leben als nur für sich selbst. Menschen, die nur für sich selbst leben, sind garantiert irgendwann deprimiert und schwermütig. Sie benötigen eine viel größere Vision, ein viel größeres Lebensziel, in dem es nicht nur um Sie selbst geht. Sie brauchen eine lebendige Beziehung zu Jesus Christus, Gottes mächtigem Sohn.

Praktische Schritte

- Für welchen von Elijas Fehlern sind Sie am anfälligsten?
- Welches Rezept können Sie anwenden, um Niedergeschlagenheit und Schwermut zu überwinden und körperliches Wohlbefinden zu erlangen?

4 Wie führe ich ein Leben über dem Durchschnitt?

Es war nie Gottes Absicht, dass wir nur ein mittelmäßiges, durchschnittliches Leben führen. Wir sind zum Besten berufen und jeder von uns ist einmalig. Wir sind nicht einer von einer Million, sondern genau genommen einer unter sechs Milliarden! Es gibt niemanden, der genau so ist wie wir. Jeder von uns ist einzigartig.

Alle Menschen brauchen Anerkennung. Oder um es noch deutlicher zu sagen: Wir *wollen* nicht nur geschätzt werden, wir *benötigen* diese Anerkennung sogar für unser emotionales Wohlbefinden. Als meine Tochter Amy noch ganz klein war, rief sie immer: „Guck mal, Daddy, guck mal!" Sie wollte meine Anerkennung. Sie wollte aus der Menge herausragen.

Als Erwachsene verhalten wir uns nicht anders, zeigen es vielleicht nur nicht ganz so offensichtlich. Wir demonstrieren es mit unseren Autos, unserer Kleidung und unserem Zuhause. Überall signalisieren wir: „Guckt her – guckt alle her!" Die meisten von uns spüren wahrscheinlich das Verlangen, anders zu sein, etwas Besonderes zu sein, sich von allen anderen abzuheben.

Sich von der Menge abheben

In 1. Chronik 4, Verse 9 und 10 wird uns ein Mann namens Jabez vorgestellt. Die ersten neun Kapitel dieses Buches beschäftigen sich mit Stammbäumen, in denen mehr als sechshundert Namen aufgeführt sind. Aus dieser langen Liste greift Gott einen Mann besonders heraus – sein Name ist Jabez.

In der gesamten Bibel gibt es nur zwei Verse, in denen Jabez auftaucht, und doch findet er unter sechshundert anderen Personen besondere Erwähnung. Warum hat Gott ihn ausdrücklich genannt? Was führte dazu, dass sein Name viertausend Jahre lang nicht vergessen wurde? Was hob ihn aus dem Durchschnitt heraus? In der Bibel heißt es: „Ein Mann namens Jabez war der angesehenste unter seinen Brüdern. Bei seiner Geburt hatte seine Mutter gesagt: ‚Ich habe ihn mit Schmerzen geboren', und deshalb hatte sie ihn Jabez genannt" (Vers 9; im Hebräischen steht das Wort *Jabez* für „Schmerz").

Jabez betete später zum Gott Israels: „Segne mich und erweitere mein Gebiet! Steh mir bei und halte Unglück und Schmerz von mir fern" (Vers 10). Und Gott erhörte seine Bitte.

Es gab drei Aspekte im Leben dieses Mannes, die drei Prinzipien verdeutlichen, die auch unser Leben überdurchschnittlich machen können.

Ehrgeizige Ziele

Der erste Aspekt ist, dass Jabez ein ehrgeiziges Ziel verfolgte. Während alle seine Freunde sich offenbar mit dem Mittelmäßigen und Durchschnittlichen begnügten, reichte ihm dies nicht aus. Er erklärte: „Ich möchte, dass Gott mich segnet. Ich möchte etwas Großes erreichen. Ich möchte mit meinem Leben etwas Besonderes bewirken." Er wollte nicht nur Durchschnitt sein. Er wollte nicht „normal" sein. Er wollte sich weiterentwickeln und wachsen. Er sagte: „Herr, segne mich und erweitere mein Gebiet." Jabez verfolgte ein ehrgeiziges Ziel – und dazu wollte er vor allem Gottes Segen für sein Leben. In der heutigen Zeit lassen sich viele Menschen einfach durchs Leben treiben. Sie haben keine Ziele, keine Vision, wissen nicht um den Sinn ihres Lebens und entwickeln keinen Ehrgeiz. Das Ergebnis: Sie erreichen nicht viel – sie existieren einfach nur.

Der erste Grundsatz für ein Leben über dem Durchschnitt lautet: *Sie brauchen ein ehrgeiziges Ziel.* Sie brauchen eine Vision. Wenn wir keine Vision haben, werden wir in unserem Leben einfach so dahindümpeln. Wenn wir aufhören zu träumen, verlieren wir die Orientierung. Wenn wir uns keine Ziele mehr setzen, stagniert unser Wachstum. Wir brauchen etwas in unserem Leben, das uns vorantreibt: Wir brauchen ein besonderes, herausragendes Ziel. Solange wir unseren Horizont erweitern, werden wir ein in emotionaler Hinsicht gesundes Leben führen. Gott möchte, dass wir wachsen. Er will, dass wir uns auf den Weg machen, uns weiterentwickeln und träumen. Gott hat etwas mit unserem Leben vor, und der Schlüssel zu mehr Lebensqualität liegt darin, diesen Plan für unser Leben zu entdecken und dann mit Gott zusammenzuarbeiten, um dieses Ziel zu erreichen. Gott hat niemals beabsichtigt, dass wir in einer halbherzigen Haltung durchs Leben gehen und uns verunsichert fragen, was wir da wohl tun und wohin das Leben führt. Gott wünscht sich, dass wir ein großes Ziel vor Augen haben. Ein Leben ohne Herausforderungen und ohne Ziele ist, kurz gesagt, langweilig.

> Wenn wir keine Vision haben,
> werden wir in unserem Leben einfach so
> dahindümpeln.

Drei weit verbreitete Denkfehler können uns von solchen großen Visionen abhalten. Der erste Denkfehler besteht darin, *Angst mit Demut zu verwechseln.* Wir neigen zu der Aussage: „Oh, das könnte ich nie!" Wir meinen, das sei Bescheidenheit und fühlen uns demütig. Aber das ist keine Demut! Das ist *Angst,* das ist *ein Mangel an Vertrauen.* Eine wirklich demütige Person würde sagen: „Alleine kann ich das nicht schaffen, aber mit Gottes Hilfe gelingt es mir." Das ist echte Demut.

Der zweite Denkfehler besteht darin, *Trägheit mit Genügsamkeit zu verwechseln.* Es stimmt, dass Paulus sagte: „Ich habe gelernt, in jeder Lage zurechtzukommen und nicht von äußeren Umständen abhängig zu sein" (Philipper 4,11). Aber daraus die Schlussfolgerung zu ziehen, dass man sich keine Ziele mehr stecken sollte, wäre falsch. Paulus sagte nicht: „Ich habe keine Ambitionen oder Wünsche für die Zukunft und lasse mich mal treiben." Mit seiner Aussage machte er nur deutlich, dass er gelernt hatte, jeden Tag anzunehmen, auch wenn seine Ziele noch nicht erreicht waren. Er sagte: „Ich bin heute zufrieden, auch wenn meine Träume und Ziele noch nicht erfüllt sind."

Verwechseln Sie nicht Angst mit Demut,
Trägheit mit Genügsamkeit oder Kleinglaube
mit Spiritualität.

Wäre Genügsamkeit eine triftige Entschuldigung für Trägheit, wer würde sich dann um die Armen kümmern, etwas gegen den Hunger in der Welt tun und sich für Gerechtigkeit einsetzen? Würde dann überhaupt jemand eine Ausbildung absolvieren? Ein Drittklässler würde sagen: „Drei Jahre Schulunterricht genügen mir", und nicht weiter in die Schule gehen. Wir dürfen Trägheit auf keinen Fall mit Genügsamkeit verwechseln!

Der dritte Denkfehler besteht darin, *Kleingläubigkeit mit Spiritualität zu verwechseln*. Immer wieder sagen mir Menschen in Gesprächen: „Ich diene Gott auf meine eigene bescheidene Art und Weise.“ Meine Reaktion darauf lautet normalerweise: „Nun, warum versuchen Sie nicht, ihm in größeren Dingen zu dienen? Erlauben Sie Gott, Sie für etwas Größeres zu gebrauchen.“

Manche sagen: „Ich bin eben, wie ich bin. So hat mich Gott gemacht.“ Aber es ist falsch, Gott für unser mangelndes Wachstum verantwortlich zu machen, denn er hat uns mit allen Gaben und Ideen ausgestattet, die wir für unser Wachstum benötigen. Verwechseln Sie also Kleingläubigkeit nicht mit Spiritualität.

Wachsendes Vertrauen

Der zweite Grundsatz für ein Leben über dem Durchschnitt lautet: *Ihr Vertrauen in Gott muss wachsen.* Jabez hatte nicht nur ein großes Ziel, sondern er verfügte auch über einen starken Glauben und ein tiefes Vertrauen in Gott. So konnte er fest damit rechnen, dass Gott sein Gebet beantworten würde. Er war wie der Missionspionier William Carey, der einmal sagte: „Erwarte Großes von Gott und unternimm Großes für Gott.“

> „Erwarte Großes von Gott
> und unternimm Großes für Gott."
> William Carey

In der Bibel finden wir einige interessante Informationen über Jabez. Erstens wird nirgendwo darauf hingewiesen, dass er eine besondere Gabe, Fertigkeit oder ein spezielles Talent besessen hätte. Auch nicht, ob er wohlhabend oder gebildet war. Er war ein gewöhnlicher Mann mit einem ungewöhnlichen Glauben. Wenn wir einen vertrauensvollen Glauben *haben,* brauchen wir uns keine Gedanken darüber machen, was wir *nicht haben.* Gott wird uns die notwendige Kraft geben. Gott liebt es, ganz gewöhnliche Menschen zu gebrauchen, Menschen, die an ihn glauben und ihm vertrauen, und er freut sich über ihren Erfolg.

Sein Glaube gab Jabez die Gewissheit, dass Gott ihm beim Erreichen seiner Ziele und der Erfüllung seiner Träume helfen würde. Vertrauen ist wichtiger als Talent, Begabung oder Bildung. Es geht um den Glauben, dass Gott durch uns wirkt. Ich bin vielen talentierten Menschen begegnet, die unbeteiligt am Spielfeldrand standen, während die ganz gewöhnlichen Menschen mit einem ungewöhnlich starken Glauben die Tore erzielten. Sie vertrauten Gott und deshalb gebrauchte er sie. Wie Jabez waren sie ganz gewöhnliche Menschen mit einem außergewöhnlichen Vertrauen.

Ein zweiter interessanter Aspekt lässt darauf schließen, dass Jabez offenbar einen Makel hatte. Das hebräische Wort *Jabez* bedeutet „Schmerz“. Würden wir gerne „Schmerz“ heißen? „Da kommt Schmerz“ oder: „Dort hinten steht ja der gute alte Schmerz.“ Jabez’ Geburt hatte seiner Mutter so große Schmerzen bereitet, dass sie ihm diesen Namen gab. Vielleicht war er ungewollt und ungeliebt. Und sein Name erinnerte ihn ständig daran, dass sogar seine Geburt einem anderen Menschen große Schmerzen zugefügt hatte. Aber Jabez war stärker als dieser Makel. Sein Glaube und sein Vertrauen ließen ihn durchhalten.

Ungeachtet dieser belastenden Umstände blickte Jabez vertrauensvoll nach vorne und war bereit, die großen Herausforderungen der Zukunft im Glauben anzugehen.

Unter welchem Makel leiden Sie? Einem körperlichen? Einem geistigen? Einer unglücklichen Kindheit? Einem frustrierenden Job? Oder einer zerrütteten Ehe? Was es auch sein mag, Gott verspricht: „Wer Gott vertraut, dem ist alles möglich“ (Markus 9,23).

Aufrichtiges Gebet

Der dritte wichtige Aspekt war sein *Gebetsleben.* Sein klar formuliertes Gebetsanliegen brachte Jabez diese außergewöhnliche Erwähnung in der Bibel. Viele Menschen beten, ohne Überdurchschnittliches anzustreben – und vielleicht gehören Sie zu diesen Menschen. Eventuell haben Sie sich bisher nicht getraut, Gott im Gebet um Dinge zu bitten. Vielleicht hielten Sie Ihr Anliegen für selbstsüchtig. Welche Gebete beantwortet Gott? Das Leben von Jabez weist auf drei Dinge hin, um die wir Gott bitten können, in der Erwartung, dass er sie erfüllt:

> Ehrgeiz an sich ist weder gut noch schlecht, sondern eine grundlegende treibende Kraft im Leben.

Zuerst betete Jabez um die *Kraft Gottes in seinem Leben.* Zur Erfüllung seines Traumes bat er um eine Kraft, die seine eigene überstieg. Er flehte: „Ich brauche deinen Segen und deine Kraft in meinem Leben."

Die präzise Formulierung seiner Bitte war sehr wichtig: „Herr, ich bitte dich, erweitere mein Gebiet, bitte gib mir mehr Grund und Boden. Vergrößere mein Territorium."

Reden Sie mit Gott über Ihre Ziele? Bitten Sie Gott konkret um Hilfe, gleichgültig, was in Ihrem Leben passiert? Auf den ersten Blick erscheint das Gebet von Jabez egoistisch, nicht wahr? Er betet ja: „Herr, ich will, dass du all diese Dinge für mich tust."

Aber offenbar hieß Gott dieses Gebet gut, denn er erhörte es. Das Folgende ist wichtig: *Ehrgeiz an sich ist weder gut noch schlecht, sondern eine grundlegende treibende Kraft im Leben.* Jeder besitzt Ehrgeiz. Der eine mehr, der andere weniger, aber jeder hat ihn. Vielleicht besteht Ihr Ehrgeiz ja nur darin, morgens aus dem Bett zu kommen. Aber das ist zu wenig, Sie brauchen ein ehrgeizigeres Ziel für Ihr Leben!

Was macht ein ehrgeiziges Ziel gut oder schlecht? Die Antwort ist: das zugrundeliegende Motiv. Bei Jabez waren die Motive aufrichtig, denn Gott beantwortet keine unwürdigen Bitten. Vergessen wir nicht: *Gott fordert uns auf, große Dinge zu erbitten.* Was sagen wir

Gott in unseren Gebeten? Gott ermutigt uns schließlich regelrecht, um Dinge zu bitten: „Aber ihr bekommt trotzdem nicht, was ihr wollt, weil ihr Gott nicht darum bittet“ (Jakobus 4,2). Er verspricht Jeremia: „Wende dich an mich und ich werde dir antworten! Ich werde dir große Dinge zeigen, von denen du nichts weißt und auch nichts wissen kannst“ (Jeremia 33,3). Paulus schrieb: „Gott kann unendlich viel mehr an uns tun, als wir jemals von ihm erbitten oder uns ausdenken können. So mächtig ist die Kraft, mit der er in uns wirkt“ (Epheser 3,20). Das bedeutet: Für Gott ist keine Bitte zu groß! Für Gott ist kein Traum zu groß! Selbst wenn wir unserer Fantasie absolut freien Lauf lassen und überlegen, was wohl noch möglich wäre ... Gott kann unendlich viel mehr tun!

Seine Möglichkeiten übersteigen all *Ihre* Vorstellungskraft. Gott sagt: „Vertraue mir. Bitte um Dinge. Stecke dir ein hohes Ziel, wachse in deinem Glauben und bringe dann alles in aufrichtigem Gebet vor mich.“

Was soll Gott in Ihrem Leben tun? Eine zerrüttete Ehe retten? Bitten Sie ihn darum! Ihnen bei Problemen am Arbeitsplatz helfen? Bitten Sie ihn darum! Ihnen dabei helfen, eine größere Aufgabe in Ihrer Gemeinde zu übernehmen? Bitten Sie ihn darum! Gott ist kein knallharter Polizeibeamter, der über den Wolken lauert und nur darauf wartet, dass Sie etwas falsch machen, um Sie dann zu bestrafen. Gott *möchte* Ihr Leben segnen.

Als Zweites bat Jabez um *Gottes Gegenwart in sei-*

nem Leben: „Steh mir bei" (1. Chronik 4,10). Er wusste, dass ein erweitertes Gebiet auch mehr Verantwortung, größere Anforderungen und mehr Druck mit sich bringen würde. Er wäre wirklich auf Gottes Unterstützung angewiesen. Deshalb bat er Gott, ihm beizustehen. Wenn Sie den Beistand Gottes für Ihr Leben erbitten, können Sie sich darauf verlassen, dass Gott antworten wird.

Als Drittes bat Jabez um *Gottes Schutz für sein Leben*: „Halte Unglück und Schmerz von mir fern" (Vers 10). Er bat Gott um seinen Schutz. Warum tat er dies? Je mehr Land man damals besaß, desto größer war der Einfluss und umso bekannter war man. Und man war vermehrt Angriffen ausgesetzt.

Das gilt auch heute noch: *Je erfolgreicher man ist, desto mehr Kritiker treten auf den Plan.* Je größer unser Besitz ist, desto mehr Feinde werden uns angreifen. Je näher wir Gott sind und je überzeugter wir als Christen leben, desto heftiger wird der Teufel uns anfeinden. Der Teufel will nicht, dass wir uns weiterentwickeln. Aber wir können uns sicher sein – genau wie Jabez –, wenn wir unter Gottes Schutz stehen, müssen wir nichts und niemanden fürchten!

Je erfolgreicher man ist, desto mehr Kritiker treten auf den Plan.

Wenn wir diese drei Gebetsschwerpunkte von Jabez bündeln, werden wir garantiert ein Leben über dem Durchschnitt führen. Wollen Sie die Mittelmäßigkeit hinter sich lassen? Möchten Sie Gottes Wirken in Ihrem Leben ganz praktisch erleben? Wollen Sie wirklich, dass Gott Ihre Gebete beantwortet? Sind Sie es leid, ziellos durch das Leben zu treiben, ohne zu wissen, wohin die Reise geht?

Wenn Sie ein Leben über dem Durchschnitt führen möchten, wenn Sie von Gott das Beste für Ihr Leben ersehnen, dann wenden Sie die drei Grundsätze von Jabez an: Setzen Sie sich ein ehrgeiziges Ziel, und halten Sie sich vor Augen, was Gott mit Ihrem Leben vorhat. Wachsen Sie im Glauben, und vertrauen Sie Gott, indem Sie das Unmögliche von ihm erwarten. Führen Sie ein aufrichtiges Gebetsleben, eines, das auf Gott ausgerichtet ist, und bemühen Sie sich um die Verwirklichung Ihres Traumes.

Praktische Schritte

- Mit welchem dieser drei Grundsätze müssen Sie sich momentan am dringendsten beschäftigen?
  Welche ganz praktischen Schritte können Sie in diesem Bereich gehen?
- Was ist Ihr größter Traum? Ihr höchstes Ziel?
  Und welches Motiv liegt dem zugrunde?

5 Wie finde ich inneren Frieden?

Wir leben in einer äußerst angespannten Zeit; man spricht auch vom Zeitalter der Angst. Wir alle sehen uns Situationen gegenüber, die Nervosität und Anspannung auslösen und uns unseren inneren Frieden rauben. Manchmal kann Spannung auch unserer Gesundheit schaden und so sind Spannung und Stress die Hauptursachen für Herzinfarkte und Bluthochdruck. Jedes Jahr werden in den USA Beruhigungsmittel im Wert von mehr als 500 Millionen Dollar verschrieben, um die Menschen emotional ruhigzustellen.

Der größte Teil der Spannung, der wir ausgesetzt sind, ist in erster Linie das Ergebnis unbewältigter und ungelöster Konflikte. Wenn wir an unserem Arbeitsplatz eine Auseinandersetzung haben, werden wir so lange angespannt sein, bis es zu einer klärenden Aussprache kommt. Ebenso führen ungelöste Angelegenheiten in unserem Leben zu Spannung. Wenn eine wichtige Entscheidung ansteht und wir nicht wissen, wie wir letztendlich vorgehen sollen, bringt uns das mächtig durcheinander und frustriert uns.

Aber durch einige praktische Schritte kann man zu

innerem Frieden finden, und von einer bedeutenden Person in der Bibel erfahren wir mehr darüber, wie dies aussehen kann. Mose war ein Mann, der gelernt hatte, die grundlegenden Fragen des Lebens zu klären. Er ist deshalb ein gutes Beispiel dafür, wie man in den Genuss von innerem Frieden gelangen kann.

Der Mann mit innerem Frieden

Mose wird oftmals als der größte Glaubensheld des Alten Testaments bezeichnet. Im 11. Kapitel des Hebräerbriefes wird er explizit als ein Mann des Glaubens erwähnt und es wird dort ausführlicher über ihn berichtet als über alle anderen.

Wenn jemand das Recht hatte, gestresst und angespannt zu sein, dann war das wohl Mose. Schon zu Beginn war sein Leben von Spannungen und Konflikten geprägt. Der ägyptische Pharao hatte nämlich angeordnet, dass in seinem Land alle neugeborenen hebräischen Jungen getötet werden sollten. Doch: „In solchem Vertrauen hielten die Eltern von Mose ihr Kind nach dessen Geburt drei Monate lang versteckt. Sie sahen seine Schönheit und ahnten, dass Gott Großes mit ihm vorhatte. So hatten sie keine Angst, dem Befehl des Königs zu trotzen“ (Hebräer 11,23). Aufgrund ungewöhnlicher Umstände wurde Mose von der Tochter des Pharaos gefunden und großgezogen (Exodus 2,3-10). Trotzdem:

„wehrte sich Mose, als er erwachsen war, dagegen, dass die Leute ihn ‚Sohn der Königstochter' nannten. Er zog es vor, mit dem Volk Gottes misshandelt zu werden, anstatt für kurze Zeit gut zu leben und dabei Schuld auf sich zu laden. Er war sicher, dass alle Schätze Ägyptens nicht so viel wert waren wie die Schande, die wir zusammen mit Christus ertragen. Denn er blickte auf die künftige Belohnung. In solchem Vertrauen verließ Mose Ägypten und fürchtete sich nicht vor dem Zorn des Königs" (Hebräer 11,24–27).

Mose träumte davon, zwei Millionen Hebräer aus Ägypten durch die Wüste in ein neues Land namens Israel zu führen – in das verheißene Land. Es handelte sich um ein großes, von Gott inspiriertes ehrgeiziges Ziel. Fast während der gesamten Zeit, in der Mose das Volk führte, murrten, klagten und stritten die Menschen. Sie besaßen einfach nicht genug Vertrauen, um in das verheißene Land einzuziehen. So zogen sie vierzig Jahre in der Wüste umher. Erst nachdem die erste Generation verstorben war, durften deren Kinder das verheißene Land einnehmen. Auch Mose war zu dieser Zeit bereits verstorben und erlebte diesen Einzug nicht mehr. Die Erfüllung seines Traumes blieb ihm versagt.

Sanftmut ist eine Haltung von gelassenem Vertrauen, großer Ruhe und innerem Frieden.

Mose hatte allen Grund, angespannt zu sein, aber in der Bibel wird er als sanftmütiger Mann beschrieben. Wobei „sanftmütig" nicht gleichzusetzen ist mit „schwach", auch wenn uns das häufig zuerst in den Sinn kommt. Sanftmut ist vielmehr eine Haltung von gelassenem Vertrauen, großer Ruhe und innerem Frieden. Sanftmut hält uns davon ab, uns aufzuregen, wenn es nicht so läuft, wie wir dies gerne hätten. Sanftmut ist eine Einstellung, die ausdrückt: „Selbst wenn mir alle auf die Nerven gehen, die Spannung zunimmt und ich allen Grund habe, verärgert zu sein, werde ich ruhig bleiben. Ich werde nicht die Fassung verlieren." In der gesamten Bibel werden nur zwei Personen als „sanftmütig" bezeichnet: Jesus und Mose. Und deshalb ist Mose ein ausgezeichnetes Beispiel dafür, wie man inneren Frieden erlangen und genießen kann.

Vier grundlegende Lebensfragen

Wieso besaß Mose diesen inneren Frieden? Wieso war er mit sich im Reinen? *Mose war ein Mann der großen Prinzipien.* Jede Entscheidung, die er traf, basierte auf grundlegenden Lebensprinzipien. Er ließ sich nicht von seinen Gefühlen leiten, sondern baute sein Leben auf Gottes Grundsätzen auf. Gott möchte nicht, dass wir unser Leben an unwichtigen Regeln ausrichten, sondern bedeutsame Prinzipien anwenden. Im 11. Kapitel des Hebräerbriefes können wir nachlesen, dass Mose die vier grundlegenden Lebensfragen beherrschte, die jeder von uns beantworten sollte. Sie ergeben sich aus vier Kernpunkten.

Zuerst klärte Mose den Punkt: „Wer bin ich?" (Vers 24). Als Zweites folgte: „Wer möchte ich sein?" (Vers 25). Anschließend beschäftigte sich Mose mit dem dritten Punkt: „Was ist im Leben wirklich wichtig?" (Vers 26). Und schließlich klärte er für sich: „Wie gestalte ich mein Leben?" (Vers 27).

Mit diesen vier Kernpunkten muss sich jeder von uns auseinandersetzen. Mose fand die richtige Antwort für sie alle. Er traf die richtigen Entscheidungen und dafür achten wir ihn noch heute.

Wer bin ich?

Zuallererst beschäftigte sich Mose mit der grundlegenden Frage der *Identität*. Er war sich bewusst, wer er war. Wichtig ist es hier, den eigentlichen Widerstreit zu verstehen. Von der Abstammung her war Mose ein Hebräer, die Tochter des Pharaos erzog ihn jedoch als Ägypter, und so dachten alle, er sei auch ein waschechter Ägypter. Erst als erwachsener Mann fand Mose die Wahrheit heraus und lehnte es anschließend ab, „Sohn einer Tochter des Pharaos" genannt zu werden. Als er ungefähr vierzig Jahre alt war, sollte er den zweiten Platz in der Führung des Königreichs einnehmen. Nun musste er sich entscheiden: „Was werde ich mit meinem Leben tun? Ich bin nicht der, für den mich die meisten Leute halten."

Mose standen alle erdenklichen Annehmlichkeiten des Palastes offen und er hätte dort bleiben und ein gutes Leben führen können. Aber er machte eine Identitätskrise durch und musste sich über die Frage klar werden: „Wer bin ich? Ein Hebräer oder ein Ägypter? Will ich mein Leben mit hebräischen Sklaven teilen oder bleibe ich hier an meinem angestammten Platz und genieße weiterhin das luxuriöse Leben im Palast?" Was hätten Sie an seiner Stelle getan? Mose traf bei der grundlegenden Frage der Identität die richtige Entscheidung – bezahlte aber einen hohen Preis dafür: Die nächsten Jahrzehnte seines Lebens verbrachte er in der Wüste.

Jeder von uns muss sich irgendwann über die eigene Identität Gedanken machen. Wir alle sehnen uns zutiefst danach, akzeptieren zu können, wer wir sind. Wenn wir versuchen, jemand zu sein, der wir gar nicht sind, belasten wir uns nur selbst und ebnen Magengeschwüren den Weg. Mose war sich dieser gefährlichen Spannung bewusst. Er wollte aufrichtig sein. Er akzeptierte seine wahre Identität.

Versuchen Sie nicht, jemand zu sein,
der Sie gar nicht sind.

Es ist befreiend, wenn wir nicht länger versuchen, jemand zu sein, der wir gar nicht sind. Die erste Grundvoraussetzung für inneren Frieden lautet daher: *Versu-*

chen Sie nicht, jemand zu sein, der Sie gar nicht sind. Entspannen Sie sich und seien Sie einfach nur Sie selbst. Gott hat Sie geschaffen, und er liebt Sie so, wie Sie sind, mit allem Drum und Dran. Für ihn sind Sie etwas ganz Besonderes.

Sie können sich verstellen und eine Rolle spielen oder aber den Plan Gottes für Ihr Leben akzeptieren und damit derjenige sein, der Sie eigentlich von Anfang an sein sollten. Was würden wir heute noch über Mose wissen, wenn er am Hofe des Pharaos geblieben wäre? Vielleicht wäre er irgendeine ägyptische Mumie in irgendeinem Museum. Vielleicht wäre er auch in Vergessenheit geraten. Aber Mose traf die schwierige Entscheidung und im Licht der Ewigkeit war dies die beste.

Das Lied „You Needed Me" gehört zu den größten Hits der kanadischen Countrysängerin Anne Murray. Sie singt darin von neuer Hoffnung, Vertrauen und innerer Stärke. Eine Liedzeile sticht besonders hervor: „You held me up and gave me dignity" – „Du stütztest mich und gabst mir Würde." Gott gibt uns nicht nur eine Identität, sondern zusätzlich auch *Würde.* Alle Menschen, die Jesus nach Aussage des Neuen Testaments traf – ob Ehebrecherin, Leprakranker oder Verstoßener –, wurden von ihm akzeptiert und geliebt. Jesus machte ihnen deutlich: „Ich kenne dich beim Namen. Du bist ein Individuum."

Wenn Sie Ihr Rollenspiel beenden und endlich Sie selbst sind, können Sie sich entspannen und Gott in Ihrem Leben wirken lassen.

Übernehmen Sie Eigenverantwortung

Die zweite grundlegende Lebensfrage, mit der sich Mose auseinandersetzte, betraf den Aspekt der Eigenverantwortung. Nachdem er sich mit der grundsätzlichen Frage „Wer bin ich?“ beschäftigt hatte, überlegte er: „Wer möchte ich wirklich sein?“ In der Bibel steht, dass Mose sich bewusst auf die Seite von Gottes Volk stellte und deshalb damit rechnen musste, ebenfalls misshandelt zu werden, anstatt die sündhaften Vergnügungen im Palast des Pharaos zu genießen (Hebräer 11,25). Erst *weigerte* er sich, die falsche Identität aufrechtzuerhalten, und *entschied* sich dann, Gottes Weg zu gehen. Das Prinzip lautet: *Man kann Negatives immer durch Positives ersetzen.* Wir lassen nicht einfach eine Sache sein, sondern beginnen auch etwas Neues. Das Leben eines Christen besteht nicht aus einer Ansammlung von Verboten – aus negativen Verhaltensregeln: „Tue dies nicht ... tue das nicht.“ Es geht vielmehr um Beziehungen – zu Gott, zu anderen Menschen und zu sich selbst und darum, Gottes guten Weg für unser Leben zu gehen. Und dieser Weg führt in eine positive Richtung.

> Wir alle schieben die Schuld gerne an andere ab, verabscheuen es jedoch, selbst beschuldigt zu werden.

Mose traf seine Entscheidung, als er „erwachsen" war (Vers 24). Es ist ein Zeichen von Reife, wenn wir die Frage der Eigenverantwortlichkeit klären. Als Mose ein Kleinkind war, war es völlig richtig, dass er die Entscheidung darüber, wer er war, vertagte. Aber als Erwachsener musste er sich dieser Frage stellen. Er musste eine Entscheidung treffen, Verantwortung für sein eigenes Leben übernehmen und vorangehen.

Eigenverantwortung wahrzunehmen wird heute oft als unbequem empfunden. Wir leben in einer Gesellschaft, in der man sich gern um die eigene Verantwortung drückt. Wer war 1973 für die Ölkrise verantwortlich? Die Amerikaner schoben die Verantwortung auf die Araber, die Araber beschuldigten die Ölgesellschaften, die Ölgesellschaften wiederum beschuldigten die amerikanische Regierung und die Regierung beschuldigte die Umweltschützer. Niemand war bereit, auch nur einen Deut Verantwortung zu übernehmen.

Wir alle *schieben die Schuld* gerne an andere *ab*, verabscheuen es jedoch, selbst *beschuldigt* zu werden. Es ist leicht, andere für unsere Situation verantwortlich zu machen: „Ich wäre ein besserer Christ, würde meine Familie auch an Gott glauben." „Ich könnte wirklich Gottes Weg gehen, wenn mein Freund, meine Freundin, meine Mutter, mein Vater, mein Ehemann oder meine Ehefrau mitziehen würden." „Ich wäre heute ein besserer Mensch, hätte ich andere Eltern gehabt."

Mose hat niemand anderen beschuldigt: Er übernahm die Verantwortung für sein eigenes Leben und beschloss, etwas aus seinem Leben zu machen.

Es stimmt natürlich, dass wir auf viele Dinge im Leben keinen Einfluss haben. Wir konnten nicht bestimmen, wer unsere Eltern sind. Wir konnten nicht bestimmen, wo wir geboren wurden. Und wir konnten auch nicht die Gene aussuchen, die wir in uns tragen. Aber es gibt eine Sache, über die wir die absolute Kontrolle haben: *unsere Reaktion* auf das Leben selbst. Wir entscheiden, ob wir mit einer negativen, kritischen Haltung auf Umstände reagieren oder ob wir das Leben auf eine positive Art und Weise im Glauben annehmen.

Was ist zu tun, wenn andere Menschen uns das Leben schwermachen? Es stimmt, wir können die anderen nicht kontrollieren. Aber wir können entscheiden, wie wir auf sie reagieren. Ein Überlebender eines deutschen Konzentrationslagers berichtete über das Einzige, was er in dieser Zeit gelernt hatte: „Ich konnte zwar *nicht* bestimmen, was mit mir geschah. Aber ich *konnte* meine Reaktion darauf bestimmen." Niemand kann uns unsere Einstellung nehmen, es sei denn, wir geben sie freiwillig auf. Wenn wir die Verantwortung für unsere eigene Haltung übernehmen, werden wir wahren inneren Frieden in vollen Zügen genießen können.

Wir können uns nicht alle Lebensumstände aussuchen, aber wir können *entscheiden*, ob diese Dinge uns zu einem verbitterten oder zu einem besseren Menschen werden lassen. Das liegt in unserer Verantwortung. *Niemand kann unser Leben zerstören – außer wir selbst!* Dem Teufel gelingt es nicht, weil er nicht genügend Macht besitzt, und Gott würde es niemals tun, weil er uns liebt. Nur *Sie selbst* können Ihr Leben zerstören.

Legen Sie Ihre Prioritäten fest

Mose setzte sich auch mit einer dritten grundlegenden Lebensfrage auseinander: „Er zog es vor, mit dem Volk Gottes misshandelt zu werden, anstatt für kurze Zeit gut zu leben und dabei Schuld auf sich zu laden" (Hebräer 11,25). Dieses Opfer um Gottes Willen war ihm mehr wert als die Schätze Ägyptens. Mose beschäftigte sich mit dem Aspekt der *Prioritäten.* Er wusste, was im Leben wirklich von Belang war.

Rein menschlich gesehen ging es dem jungen Mose blendend. Ein großer Teil der Reichtümer dieser Zeit wurde in Ägypten gelagert. Mose hatte alles, wonach die meisten Menschen ein Leben lang streben: Macht, Vergnügen und Besitztümer.

> Um was dreht sich Ihr Leben?

Dennoch hatte Gott einen wichtigeren Auftrag für Mose – und dieser nahm ihn an. Mose hatte erkannt, was in seinem Leben Priorität hatte. Weil man in ihm den Sohn der Tochter des Pharaos sah und er eine gewisse Stellung innehatte, hätte er sachlich entscheiden können: „Die Lage der Sklaven ist übel, da bleibe ich besser im gewohnten Umfeld und setze mich für eine Verbesserung ihrer Verhältnisse ein."

Aber das war nicht das, was Gott von ihm wollte. Er forderte Mose auf: „Mach dich auf! Tu was."

Die meisten Menschen möchten in ihrem Umfeld beliebt sein. Leider gibt es mit der Beliebtheit ein Problem: Sie ist nie von Dauer. Wenn der Star der Schule nach ein paar Jahren dorthin zurückkehrt, wird sich kaum mehr jemand für ihn interessieren. Beliebtheit ist vergänglich.

Wie verhält es sich mit Vergnügungen? Ist es verkehrt, sich zu vergnügen? Nein, es ist nicht falsch, es sei denn, wir machen einen Götzen daraus. Wir leben in einer vergnügungssüchtigen Gesellschaft: „Man lebt nur ein Mal und muss das Leben deshalb in vollen Zügen genießen." „Zieh dein eigenes Ding durch." „Lebe nach Lust und Laune!" Aber auch mit dem Vergnügen gibt es ein kleines Problem. Ebenso wie die Beliebtheit hält auch das Vergnügen nicht an. Mose hatte sich gegen vergängliche Vergnügungen entschieden, er setzte seine Prioritäten richtig. Seine Vision war auf Größeres ausgerichtet.

Es ist nicht grundsätzlich falsch, wohlhabend zu sein. Einige der großen biblischen Propheten waren unglaublich reich, beispielsweise Hiob, Abraham und David. Aber in der Bibel heißt es: „Das wahre Leben wird nicht daran gemessen, wie viel wir besitzen" (Lukas 12,15; Neues Leben Bibel). Letztendlich macht Reichtum nicht glücklich. Fragen Sie jemanden, der viel hat. Wie viel Geld braucht man, um wirklich glücklich zu sein? Natürlich immer noch etwas mehr. *Geld soll benutzt, aber nicht geliebt werden.* Gott möchte, dass wir materielle Dinge benutzen und Menschen lieben. Wenn wir jedoch Materielles lieben, werden wir Menschen benutzen. Mose hatte seine Prioritäten richtig festgelegt. Er lehnte materielle Dinge ab, weil es in seinem Leben Wichtigeres gab.

Sehen Sie Ihren Problemen ins Auge

Als Letztes setzte Mose sich mit dem Aspekt der *Ausdauer* auseinander. Man könnte sein Leben eigentlich in vier Worten zusammenfassen: „Er hielt standhaft aus“ (Hebräer 11,27; Einheitsübersetzung). Einige Faustregeln im Leben lauten: Ohne Fleiß kein Preis. Kein Fortschritt ohne Rückschritt. Ausdauer lernen wir im Umgang mit Problemen.

> Geben Sie nicht auf und bleiben Sie am Ball.

Mose führte ein erfolgreiches Leben, weil er standhaft war. Der Schlüssel für seinen inneren Frieden lag in dem Wissen, dass es in jedem Leben Schwierigkeiten gibt. Er wusste richtig darauf zu reagieren und ging voran. Wir Christen sollten niemals zulassen, dass Probleme uns zermürben. Probleme sollten uns vielmehr Gott näherbringen. Jemand sagte einmal: „Christen dürfen sich niemals von Problemen runterziehen lassen – es sei denn auf die Knie." Gott lässt bestimmte Situationen in unserem Leben immer aus einem bestimmten Grund zu.

Ohne Ausdauer werden wir es im Leben nicht weit bringen. Innerer Frieden stellt sich ein, wenn wir die Verantwortung für unsere Entscheidungen übernehmen, Gottes Prioritäten akzeptieren und verfolgen und dann voller Vertrauen standhaft durchhalten.

Zusammenfassung

Mose war ein Mann, der gelernt hatte, sich mit den grundlegenden Fragen des Lebens auseinanderzusetzen, und genau deshalb wurde er ein leuchtendes Beispiel dafür, wie man in den Genuss von innerem Frieden gelangt. Weil er die richtigen Entscheidungen traf und für sich festlegte, was im Leben wichtig ist, war er mit sich im Reinen, konnte außergewöhnliche Verantwortung übernehmen und dennoch ruhig und gelassen bleiben.

Als Jugendlicher, als Rentner, einfach in jedem Alter – irgendwann müssen wir uns alle diesen grundlegenden Fragen stellen. Wenn wir lernen, diese Fragen zu klären, werden wir nachvollziehen können, was es bedeutet, wahren inneren Frieden zu besitzen. Wir werden lernen, auch in Krisenzeiten Ruhe zu bewahren, in Stresssituationen stark zu bleiben und unter Druck inneren Frieden zu verspüren. Und die Erfahrung wird uns lehren, wie wir das auch langfristig schaffen.

Praktische Schritte

- Wer sind Sie? Wenn Sie mit Gott sprechen – mit welchen Worten würden Sie sich selbst beschreiben?
- Welche Sache sollte in Ihrem Leben fortan eine höhere Priorität haben? Welcher konkrete Schritt ist nötig, um dies zu erreichen?

6 Wie gehe ich mit Entmutigung um?

Wenn Sie die derzeit gefährlichste Krankheit der Welt benennen sollten, was wäre Ihre spontane Antwort? Krebs? Kinderlähmung? Multiple Sklerose? AIDS? Sie würden aber mit Sicherheit nicht sagen: *Entmutigung*. Dass Entmutigung eine tödliche Krankheit sein könnte, käme Ihnen sicherlich nicht einmal in den Sinn. Sie ist es aber. Und sie ist sogar weiter verbreitet als all die anderen.

Warum ist Entmutigung eine so gefürchtete Krankheit? Erstens, weil sie weltweit auftritt. Wir alle sind zeitweise entmutigt. Ich, Sie, wir alle. Entmutigung ist ein weitverbreitetes Phänomen. Und sogar Christen können entmutigt sein. Zweitens, weil diese Krankheit immer wiederkehren kann. Wir können viele Male von Entmutigung heimgesucht werden; es handelt sich nicht um einen einmaligen Infekt. Drittens, weil sie äußerst ansteckend ist. Andere Menschen können entmutigt werden, wenn *wir* entmutigt sind.

Und jetzt die gute Nachricht

Die gute Nachricht lautet: Entmutigung ist heilbar. Eine Begebenheit aus dem Leben von Nehemia veranschaulicht vier Ursachen und drei Gegenmittel dieser Krankheit. Wir wissen, dass Nehemia als Vorsteher einer Gruppe von Juden, die von Babylon nach Israel zurückkehrte, mit diesen eine Mauer um Jerusalem errichten wollte. Zu Beginn waren sie voller Eifer und ganz begeistert bei der Sache. Aber nachdem sie längere Zeit gearbeitet hatten, nahm die Entmutigung zu.

Am Ende von Kapitel 3 des Buches Nehemia wird beschrieben, mit welchem Elan die Menschen ihre Arbeit begannen: „Bald schon war sie [die Mauer] über die ganze Länge geschlossen und bis zur halben Höhe aufgeführt, weil alle mit Eifer bei der Sache waren" (Kapitel 3,38). Dann aber schlug die Stimmung um. „Unter den Judäern ging zu dieser Zeit das Lied um: ‚Der Schutt nimmt ja doch nie ein Ende, wir haben schon ganz lahme Hände! Wir sind viel zu müde und matt, zu bauen die Mauer der Stadt.' Unsere Feinde dachten: ‚Ehe die Judäer etwas ahnen, sind wir schon mitten unter ihnen, schlagen sie zusammen und bereiten ihrem Machwerk ein Ende.' Doch es kam ganz anders. Denn die Juden, die in ihrer Nähe wohnten, hielten uns auf dem Laufenden über das, was unsere Feinde gegen uns vorhatten" (4,4–6).

Diese Stimmung kennen wir gut, besser, als uns lieb ist. Vielleicht sind Sie jetzt gerade entmutigt. Diese Geschichte beschreibt anschaulich, warum Menschen entmutigt werden, aber auch, wie sie die Entmutigung überwinden können. Sie gibt uns Anhaltspunkte, was wir tun können, wenn wir Gefahr laufen, alles hinzuschmeißen und aufzugeben.

Warum wir entmutigt werden

Die totale Erschöpfung

Warum lassen wir uns entmutigen? Die erste Ursache ist *Erschöpfung*. „Den Trägern geht die Kraft aus" (Einheitsübersetzung). Mit anderen Worten: Sie hatten sich total verausgabt. Sie waren einfach ausgepowert – körperlich, geistig und emotional erschöpft.

Manchmal kommen Menschen zu mir in die Seelsorge, die sich entmutigt fühlen und fälschlicherweise annehmen, es handle sich dabei um ein geistliches Problem. Sie erklären: „Vielleicht sollte ich mein Leben ganz neu Jesus anvertrauen." Dabei besteht ihr eigentliches Problem darin, dass sie einfach nur ausgebrannt sind. Sie brauchen eine Auszeit, Entspannung und Erneuerung. Ich empfehle ihnen deshalb: „Sie müssen Ihr Leben nicht erneut Gott anvertrauen – Sie sollten einfach nur einmal richtig abschalten." Manchmal besteht das Geistlichste, was man tun kann, darin, sich ins Bett zu legen und zu entspannen oder auch zwei Wochen Urlaub zu nehmen.

Wann treten Erschöpfung und Entmutigung auf? Werfen Sie einen Blick ins Buch Nehemia, Kapitel 3,

Vers 38: „Bald schon war sie [die Mauer] über die ganze Länge geschlossen und bis zur halben Höhe aufgeführt." Ahnen Sie, wann sich am ehesten Entmutigung einstellt? Wenn wir ein Projekt zur Hälfte abgeschlossen haben. Am Anfang geben wir alle unser Bestes. Es gelang, „weil alle mit Eifer bei der Sache waren" (Vers 38). Warum? Weil das Projekt etwas Neues war. Zuerst war es neuartig und spannend. Aber mit der Zeit wurde es zur Routine und die Arbeit wurde langweilig. Ein gewisser Trott machte sich breit.

Haben Sie schon einmal ein Zimmer gestrichen? Die Hälfte ist geschafft und man denkt sich: „Puh, ich werde langsam müde, dabei habe ich erst den halben Raum fertig. Schlimmer noch: Wenn ich das Streichen erledigt habe, muss ich ja auch noch alles aufräumen und saubermachen!"

Vor Kurzem habe ich eine ermüdende Aufgabe erledigt: Ich wollte meinen Aktenschrank neu ordnen. Wissen Sie, was es heißt, wieder Ordnung in die Akten zu bringen? Man muss erst einmal alles aus den Ordnern herausnehmen und verschiedene Stapel auf dem Boden aufrichten. Schnell ist man entmutigt, und man verstaut wieder alles so, wie es vorher war!

> Erschöpfung ist die Hauptursache von Entmutigung
> und stellt sich oft dann ein,
> wenn eine Aufgabe zur Hälfte erledigt ist.

Sind Sie schon einmal einen Berg hinaufgestiegen und haben sich gedacht: „In nur zwei Stunden werde ich wohl ganz oben sein"? Wenn man dann die Hälfte des Weges hinter sich hat, sind bereits drei Stunden vergangen. Schnell kommt der Gedanke auf: „Soll ich tatsächlich weitermarschieren? Schließlich muss ich den ganzen Weg ja auch wieder zurücklaufen!" Dann denken Sie: „Vielleicht möchte Gott ja, dass ich mich auf den Rückweg mache." Aber das könnte auch nur ein Vorwand sein – eine billige Ausrede für vorzeitiges Aufgeben. Erschöpfung ist die Hauptursache von Entmutigung und stellt sich oft dann ein, wenn eine Aufgabe zur Hälfte erledigt ist. Aus diesem Grund bringen viele Menschen viele Dinge nicht zu Ende und lassen sie unerledigt liegen.

Der totale Frust

Es gibt eine zweite Ursache, warum Menschen entmutigt sind. Die Israeliten sagten: „Der Schutt nimmt ja doch nie ein Ende, wir haben schon ganz lahme Hände! Wir sind viel zu müde und matt, zu bauen die Mauer der Stadt" (Vers 4). Das ist *Frust*. Sie waren verzagt und frustriert angesichts einer scheinbar unlösbaren Situation. Was ist Schutt? Sie errichteten eine neue Mauer, aber im Dreck und ausgetrockneten Mörtel lagen überall noch alte, zerbrochene Gesteinsbrocken herum. Als sie diese Trümmer betrachteten, verließ sie der Mut. Sie verloren ihr Ziel aus den Augen, weil so viel Gerümpel in ihrem Leben war, dass sie keinen Überblick mehr darüber hatten, wie sie die eigentlich anstehende Aufgabe bewältigen sollten.

Wann immer wir ein Projekt in Angriff nehmen, wird auch Müll anfallen, und es kann ziemlich frustrierend werden. Haben Sie schon einmal ein Zimmer renoviert oder ein Haus gebaut? Plötzlich kommt überall der Gips von den Wänden. Oder Sie streichen ein Zimmer, und plötzlich befindet sich an Stellen Farbe, wo sie eigentlich nichts zu suchen hat – auf dem Boden oder an den Fensterrahmen. Müll scheint sich wie von alleine zu vermehren. Wir können diesen Unrat in unserem Leben nicht vermeiden. Aber wir *können* lernen, wie wir ihn erkennen und mit ihm fertigwerden, damit wir nicht von der Umsetzung unserer ursprünglichen Pläne abgehalten werden.

> Müll – das sind die Dinge, die Ihnen im Weg stehen,
> die Unterbrechungen und Störungen,
> die Sie vom Erreichen Ihrer Ziele abhalten.

Welche Art von Müll gibt es in Ihrem Leben? Sind es die alltäglichen Dinge, die Ihre Zeit und Energie schlucken und Sie davon abhalten, so zu werden, wie Sie sein wollen? Oder sind es die Dinge, die Sie davon abhalten, das Allerwichtigste in Ihrem Leben zu tun? Zum Beispiel sich um Ihren Ehepartner und Ihre Kinder zu kümmern, aktiv zu sein in den Bereichen der Gemeinde, in denen Sie Talente haben. Müll – das sind die Dinge, die Ihnen im Weg stehen, die Unterbrechungen und Störungen, die Sie vom Erreichen Ihrer Ziele abhalten. Diese Dinge müssen beseitigt werden. Dieser Müll muss raus.

Misserfolg kann blockieren

Eine dritte Ursache, warum Menschen den Mut verlieren, wird durch das Klagen der Israeliten deutlich. Sie maulten: „Wir sind viel zu müde und matt, zu bauen die Mauer der Stadt" (Vers 4). Was meinten sie damit? „Wir sind zu müde. Es ist unmöglich. Es ist dumm, das zu versuchen. Wir geben auf." Das Problem ist hier der Misserfolg. Die Menschen konnten ihre Aufgabe nicht so zügig wie ursprünglich geplant vollenden und schon verließ sie der Mut. Sie sagten: „Wir schaffen das nicht und deshalb geben wir auf."

Wie gehen Sie in Ihrem Leben mit Misserfolgen um? Baden Sie in Selbstmitleid? Jammern Sie: „Ach, ich armes Ding! Ich schaffe das einfach nicht!"? Fangen Sie an zu murren: „Das ist unmöglich, das geht gar nicht. Es war dumm von mir, es überhaupt zu versuchen. So was Dämliches!"?

> Misserfolge können dazu führen,
> dass wir den Mut verlieren.

Oder machen Sie andere Menschen verantwortlich: „Alle haben mich hängen lassen, sie haben ihren Teil der Aufgabe nicht erfüllt."? Es gibt etwas, das Gewinner und Verlierer unterscheidet: Gewinner betrachten Misserfolge und Versagen immer nur als einen kurzfristigen Rückschlag.

Angst kann ausbremsen

Es gibt eine vierte Ursache für Entmutigung. Nehemias Volk formulierte es folgendermaßen: „Unsere Feinde dachten: ‚Ehe die Judäer etwas ahnen, sind wir schon mitten unter ihnen, schlagen sie zusammen und bereiten ihrem Machwerk ein Ende'" (Vers 5). Es gab Menschen im Land Israel, die gegen den Wiederaufbau der Mauer waren, nämlich die Feinde der Juden. Eine Mauer um die Stadt gab Sicherheit und Schutz, deshalb wollten diese Gegner die Errichtung der Mauer verhindern. Zuerst kritisierten sie die Juden, dann machten sie sich über sie lustig und drohten ihnen schließlich: „Wenn ihr die Mauer weiter baut, werden wir euch töten." Und so wurden die Arbeiter entmutigt. Warum? Wegen der vierten Ursache für Entmutigung: *Angst.*

Es ist interessant zu sehen, wer entmutigt war. Es waren „die Juden, die in ihrer Nähe wohnten", in der Nähe der Feinde (Vers 6). Sie wiederum entmutigten andere, indem sie sagten: „Aus allen Orten ringsum, wo sie wohnen, ziehen sie gegen uns heran." Was passiert, wenn man längere Zeit mit einem pessimistischen Menschen zusammen ist? Man übernimmt seine negative Haltung. Wenn man immer wieder zu hören bekommt: „Das funktioniert nicht", glaubt man es schließlich selbst.

Werden Sie momentan von Ängsten entmutigt? Von Ängsten, die Sie von Ihrer Weiterentwicklung und Ihrem geistlichen Wachstum abhalten? Fürchten Sie sich vor Kritik und peinlichen Situationen? Haben Sie Angst, den großen Schritt zu wagen und die neue Arbeitsstelle anzunehmen? Vielleicht befürchten Sie, der Aufgabe nicht gewachsen zu sein. Vielleicht befürchten Sie, dass Sie dem Druck nicht standhalten werden. Vielleicht ist es die Angst, dass Sie perfekt sein müssten. *Angst führt immer zu Entmutigung.*

> Wir haben im Leben drei Richtungen, in die wir gehen können – wir können wütend gegen etwas angehen, aus Angst von etwas weglaufen oder in Liebe mit etwas gehen.

Wie können wir herausfinden, ob Angst der Grund für unsere Entmutigung ist? Wir spüren diesen starken Wunsch, einfach nur davonzulaufen. Wir verspüren den intensiven Wunsch, vor den Anforderungen und dem Druck des Lebens zu fliehen. Die natürliche Reaktion auf Angst ist immer Flucht. Wir haben im Leben drei Richtungen, in die wir gehen können – wir können wütend *gegen etwas angehen,* aus Angst *von etwas weglaufen* oder in Liebe *mit etwas gehen.*

Wie überwindet man Entmutigung?

Welches Gegenmittel gibt es für diese schlimme Krankheit namens Entmutigung? Was tat Nehemia als weiser Führer und Mann Gottes? Er erkannte, was der Grund für diese Entmutigung war, und ergriff zur Bewältigung dieser Probleme die richtigen Gegenmaßnahmen. Wir finden in diesem Bibelabschnitt drei Prinzipien, die uns helfen können, wenn wir am liebsten aufgeben würden. Sie lauten: neu ordnen, erinnern und widersetzen.

Finden Sie einen besseren Weg

Nehemia setzte auf das Prinzip der *Neuordnung*: „Darum rief ich alle wehrfähigen Männer zu den Waffen. Ich stellte sie unterhalb des Tempelplatzes hinter den eingestürzten Partien der Mauer auf, geordnet nach Familienverbänden, bewaffnet mit Schwertern, Speeren und Bogen" (Vers 7). Im Grunde sagte Nehemia: „Wir werden die Sache jetzt einmal durchorganisieren und eine neue Ordnung hinbringen. Eine Gruppe von euch geht dort drüben hin, ihr anderen bleibt hier. So werden wir dieses Problem lösen."

Ordnen Sie Ihr Leben neu.

Das erste Prinzip zur Überwindung von Entmutigung lautet: *Ordnen Sie Ihr Leben neu.* Auch wenn Sie entmutigt sind, gilt: *Verlieren Sie Ihr Ziel nicht aus den Augen. Überlegen Sie sich stattdessen eine neue Strategie.* Wenn Sie entmutigt sind, heißt das nicht unbedingt, dass Sie das Falsche tun. Vielleicht tun Sie das Richtige – nur auf die falsche Art und Weise! War es ein Fehler, dass die Juden die Mauer bauten? Natürlich nicht. Es war schon richtig, aber sie hatten das Projekt falsch begonnen und waren infolgedessen entmutigt.

Haben Sie ein Problem? Dann ordnen Sie Ihr Leben neu. Ein Problem in Ihrer Ehe? Geben Sie nicht auf. Suchen Sie nach neuen Lösungsmöglichkeiten. Ein Problem an Ihrem Arbeitsplatz? Geben Sie nicht auf. Überlegen Sie sich einen neuen Weg. Ein Problem in Ihrem Leben als Christ? Geben Sie nicht auf. Beten Sie erneut. Ein Problem mit Ihrer Gesundheit? Suchen Sie einen anderen Arzt auf. *Geben Sie nicht auf. Bleiben Sie dran und machen Sie weiter.*

Einige von uns sind eventuell entmutigt, weil wir unter enormer Anspannung stehen. Das Arbeitspensum ist kaum noch zu schaffen. In diesem Fall lautet Gottes Empfehlung: *Eine neue Ordnung muss her.* Wir müssen unsere Zeit neu einteilen. Wir müssen unsere Termine neu festlegen. Wir müssen uns neu auf unser Ziel konzentrieren. Das Durcheinander muss beseitigt werden.

Alles, was uns ablenkt oder unnötig Zeit schluckt, muss weg. Dann ordnen wir alles neu, damit wir uns viel besser, schneller und effizienter unserem obersten Ziel widmen können.

In einem Seminar, an dem ich einmal teilnahm, ging es um das 80/20-Prinzip. Es besagt: Mit rund 20 % des Aufwands bringt man bereits 80 % der Leistung, für die letzten 20 % der Leistung sind jedoch 80 % des Aufwands erforderlich. Das ist frustrierend. Stattdessen sollten wir 80 % unserer Zeit auf die 20 % unserer Aufgaben verwenden, die am produktivsten sind. Geschäftsleute sprechen hier von Rentabilität. Mit anderen Worten: Wir sollten maximale Zeit auf die wenigen Dinge verwenden, die sich am meisten rentieren oder die besten Ergebnisse bringen!

Nehemia konzentrierte sich auf Prioritäten. Als er die neue Ordnung schuf, stellte er die Menschen nach Familienverbänden auf. Warum? Weil er wusste, dass jeder in Zeiten der Entmutigung auf Unterstützung angewiesen ist. Wir brauchen andere Menschen als Rückhalt und unsere Familienangehörigen sind dafür prädestiniert. Wenn ein Familienmitglied den Mut verliert, können die anderen Mitglieder der Familie es wieder aufmuntern. Wir brauchen Christen in unserem Umfeld, damit wir uns gegenseitig unterstützen und ermutigen. Wenn ich deprimiert bin, muntern sie mich auf, wenn sie deprimiert sind, muntere ich sie auf. Wir sind ein Team, in dem man sich gegenseitig ermutigt.

Salomo sagte:

„Zwei sind allemal besser dran als einer allein. Wenn zwei zusammenarbeiten, bringen sie es eher zu etwas. Wenn zwei unterwegs sind und hinfallen, dann helfen sie einander wieder auf die Beine. Aber wer allein geht und hinfällt, ist übel dran, weil niemand ihm helfen kann. Wenn zwei beieinander schlafen, können sie sich gegenseitig wärmen. Aber wie soll einer allein sich warm halten? Ein einzelner Mensch kann leicht überwältigt werden, aber zwei wehren den Überfall ab. Noch besser sind drei; es heißt ja: ‚Ein Seil aus drei Schnüren reißt nicht so schnell'" (Prediger 4,9–12).

Was meint Salomo damit? Es ist wichtig, dass wir Gemeinschaft mit anderen Menschen haben, die uns helfen und uns ermutigen.

Erinnern Sie sich an Gottes Wirken

Das zweite hilfreiche Prinzip zur Überwindung von Entmutigung lautet: *Denken Sie an Gott.* Es ist interessant, was Nehemia sagte: „In dieser gefährlichen Lage trat ich vor sie hin und sagte zu den Männern aus den ersten Familien und den Ratsherren und zum ganzen Volk: ‚Habt keine Angst! Erinnert euch daran, wie groß und mächtig der Herr ist'" (Nehemia 4,8). Was bedeutet „erinnert euch" in diesem Zusammenhang? Es soll heißen, dass man sich ihm erneut anvertraut, sich ihm erneut hingibt und seine geistliche Macht in Anspruch nimmt.

Denken Sie an Gottes Gegenwart in Ihrem Leben.

Woran genau sollen wir uns erinnern? Es geht um drei Punkte: Erstens sollen wir uns erinnern, wie gut und großzügig Gott in der Vergangenheit zu uns war. Wenn wir über all die guten Dinge nachsinnen, die Gott in unserem Leben bereits vollbracht hat, wird sich unsere Stimmung schnell bessern, und unsere Angst wird nachlassen. Zweitens sollen wir uns daran erinnern, dass Gott auch in der Gegenwart bei uns ist. Was tut er gerade in unserem Leben? Er ist bei uns, auch wenn wir seine Nähe nicht unbedingt spüren. Er hat uns versprochen: „Niemals werde ich dir meine Hilfe entziehen, nie dich im Stich lassen" (Hebräer 13,5). Vielleicht sind wir gerade nicht im Gespräch mit Gott, aber dennoch ist er bei uns. Drittens sollen wir uns daran erinnern, dass er uns Kraft für die Zukunft gibt. Er wird uns für alle unsere Belange die nötige Stärke geben. Wenn wir entmutigt sind, sollen wir den Blick von den Umständen abwenden und uns auf Gott konzentrieren, denn Umstände können deprimierend und entmutigend sein.

Vergessen Sie nicht, dass Ihre Gedanken Ihre Gefühle bestimmen. Wenn Sie sich entmutigt fühlen, ist das auf Ihre negative Haltung zurückzuführen. Wenn Sie Ermutigung wollen, brauchen Sie aufmunternde Gedanken. Lernen Sie für solche Situationen mutmachende Bibelverse auswendig:

- „Allem bin ich gewachsen durch den, der mich stark macht“ (Philipper 4,13).
- „Nichts in der ganzen Welt kann uns jemals trennen von der Liebe Gottes“ (Römer 8,39).
- „Gott selbst ist für uns, wer will sich dann gegen uns stellen?“ (Römer 8,31).
- „Wer Gott vertraut, dem ist alles möglich“ (Markus 9,23).

Widersetzen Sie sich düsteren Voraussagen

Wie können wir noch gegen Entmutigung vorgehen? Indem wir uns ihr widersetzen. Nehemia sagte: „Kämpft für eure Brüder, für eure Söhne und Töchter, für eure Frauen und für euren Besitz!“ (Nehemia 4,8). Was meinte Nehemia damit? Er mahnte, sich der Entmutigung nicht kampflos zu ergeben. *Widersetzen Sie sich der Entmutigung.* Kämpfen Sie gegen sie an. Wir sollen ihr nicht nachgeben, sondern uns widersetzen.

> Starke Persönlichkeiten sind ganz gewöhnliche Menschen mit einer außergewöhnlichen Standhaftigkeit.

In der Bibel wird darauf hingewiesen, dass Christen sich in einem geistlichen Kampf befinden – einer Schlacht. Wir haben es mit einem übernatürlichen Kampf der negativen Mächte zu tun. In der Bibel wird ebenfalls darauf hingewiesen, dass der Teufel der Ankläger der Christen ist. Er liebt es, uns zu deprimieren. Das ist seine stärkste Waffe, weil er weiß, dass ein entmutigter Christ nur noch ein begrenztes Potenzial besitzt. Er weiß, dass unsere Effektivität deutlich geschmälert ist, wenn wir deprimiert sind. Deshalb versucht er alles, um uns zu entmutigen. Im Buch des Jakobus steht: „Leistet dem Teufel Widerstand" (Jakobus 4,7). Treten Sie ihm und seinen negativen Gedanken entgegen. Widersetzen Sie sich all der Entmutigung, die er in Ihr Leben bringen will.

Sie müssen nicht entmutigt sein. Es ist Ihre Entscheidung. Sie können sich entschließen, dem nachzugeben, aber starke Persönlichkeiten lassen in ihrem Leben keine Entmutigung zu. „Aufgeben" ist für sie ein Fremdwort. Sie geben niemals auf, selbst dann nicht, wenn sie erschöpft und frustriert sind, einen Misserfolg einstecken mussten oder Angst haben. Starke Persönlichkeiten sind ganz gewöhnliche Menschen mit einer außergewöhnlichen Standhaftigkeit. Sie lassen nicht locker und denken nicht daran aufzugeben!

Praktische Schritte

- Welche der vier Ursachen von Entmutigung betrifft Sie momentan am meisten?
- An was sollten Sie sich am meisten erinnern, wenn Sie entmutigt sind? Was kann Ihnen helfen?

7

Wie bekomme ich meine Probleme in den Griff?

Die bekannte Geschichte von Joschafat beschreibt eine der größten und bekanntesten Schlachten Israels. Joschafat, der König von Israel, erfuhr von dem Zusammenschluss der Armeen dreier feindlicher Nationen, die gegen ihn in den Kampf ziehen wollten. Der Chronist berichtet, dass es sich bei diesen um die Moabiter, die Ammoniter und die Muniter handelte (2. Chronik 20,1). Sie hatten sich bereits auf der anderen Seite des Jordans und des Toten Meeres aufgestellt und die Chancen standen für Joschafat wirklich schlecht.

Diese Geschichte ist für jeden von uns relevant, denn auch in unserem Alltag sind wir täglich Kämpfen ausgesetzt: im finanziellen, geistlichen, ehelichen, beruflichen oder familiären Bereich – wir haben es in unserem Alltag mit den unterschiedlichsten Herausforderungen zu tun. Gott nahm Joschafats Geschichte in der Bibel zum Anlass, um uns einige entscheidende geistliche Prinzipien für den erfolgreichen Umgang mit den alltäglichen Kämpfen des Lebens zu veranschaulichen.

Bestimmen Sie, wer der Feind ist

In 2. Chronik 20, Vers 1 können wir das erste Prinzip für einen erfolgreichen Umgang mit unseren alltäglichen Kämpfen nachlesen. Es lautet: *Bestimmen Sie, wer der Feind ist.* Das Prinzip scheint zwar naheliegend zu sein, ist es aber nicht. Viele Menschen haben keine Ahnung, wer ihr eigentlicher Feind ist. Wir meinen häufig, bei dem Feind müsse es sich um eine Person handeln, die uns bestiehlt – uns unseren Job, unseren Partner oder unser Geld wegnimmt. In vielen Fällen ist jedoch unsere Einstellung unser eigentlicher Feind. Es ist weniger die *Situation*, die uns deprimiert, sondern *unsere Reaktion auf die Situation.* Bevor wir unsere alltäglichen Kämpfe erfolgreich ausfechten können, müssen wir gewissenhaft und aufrichtig bestimmen, wer unser Feind ist.

> Viele Menschen haben keine Ahnung, wer ihr eigentlicher Feind ist.

Wie reagierte Joschafat, als er erfuhr, dass drei Nationen gegen ihn in den Kampf zogen? Er erschrak sehr (Vers 3). Das ist eine typische Reaktion. Wenn wir einem großen Problem gegenüberstehen, geraten wir in Panik und sind verunsichert. „Was wird mit mir geschehen? Angst steigt in mir auf!“ Das ist eine natürliche Reaktion auf Probleme. Angst an sich ist nicht falsch, es sei denn, wir gehen verkehrt mit ihr um. Angst kann uns motivieren, das Problem zu bezwingen. Wenn wir jedoch den Mut verlieren und aufgeben oder mit Gott hadern und fragen: „Warum ich?“, wird die Angst siegen.

Gestehen Sie Ihre Schwäche ein

Joschafat hatte Angst, denn er befand sich in einer scheinbar hoffnungslosen Lage. Er brachte sein Problem vor Gott und bat ihn um Hilfe: „Wir können gegen diese Übermacht nichts ausrichten. Wir wissen nicht, was wir tun sollen“ (2. Chronik 20,12). Dies illustriert das zweite Prinzip für den richtigen Umgang mit unseren alltäglichen Kämpfen: *Gestehen Sie Ihre Schwäche ein.* Es gibt nur eine Gruppe von Menschen, denen Gott nicht hilft. Das sind die, die meinen, sie brauchten Gottes Hilfe nicht. Wenn Sie also Ihre Schwäche eingestehen und Gott um Hilfe bitten, kann er sich ans Werk machen.

> Es gibt nur eine Gruppe von Menschen, denen Gott nicht hilft. Das sind die, die meinen, sie brauchten Gottes Hilfe nicht.

Nachdem Joschafat eingestanden hatte, dass er und seine Berater nicht wussten, was sie in dieser Situation tun sollten, schloss er sein Gebet mit den Worten: „Darum blicken wir auf dich!“ (Vers 12). Wir müssen unsere Augen immer auf Gott richten. Viel zu oft richten wir unsere Aufmerksamkeit auf alles Mögliche – nur nicht auf den Einen, der unsere Probleme lösen kann. Die Umstände sind wie eine Matratze: Wenn wir obenauf sind, haben wir es gemütlich; aber wenn wir untendrunter liegen, besteht die Gefahr, dass wir ersticken.

Wir können nicht aus uns selbst heraus das Leben eines Christen führen, weil es uns an Kraft mangelt. Wir brauchen die Kraft, die von Gott kommt. „Nicht durch menschliche Macht und Gewalt wird es dir gelingen, sondern durch meinen Geist“ (Sacharja 4,7). Wir müssen Gottes Geist in uns wirken lassen.

Bringen Sie es vor Gott

Was tat Joschafat inmitten dieser Krise? Er ließ eine Fastenzeit ausrufen und versammelte die Menschen, um Gottes Hilfe zu erbitten (vgl. Verse 3–4). Die Menschen kamen aus allen Städten in Juda, um Gottes Eingreifen zu erflehen. Das dritte Prinzip für den siegreichen Umgang mit unseren alltäglichen Kämpfen lautet: *Bringen Sie es vor Gott.*

Beten Sie! Gebet ist bedauerlicherweise oft unser letzter Ausweg, wir wollen die Dinge lieber erst einmal in Eigenregie lösen.

Ein Diakon kam zu seinem Pastor und sagte: „Pastor, wir haben ein Problem und es scheint keine Lösung zu geben."

Gebet ist bedauerlicherweise oft unser letzter Ausweg, wir wollen die Dinge lieber erst einmal in Eigenregie lösen.

Der Pastor antwortete: „Nun, ich denke, alles, was uns bleibt, ist Gebet."

Der Diakon erwiderte: „Pastor, ist es schon so weit gekommen?"

Wann immer wir uns in einem Lebenskampf befinden, muss die *erste* Waffe, die wir einsetzen, Gebet sein – und nicht die letzte. Wir sollten nicht vergessen, dass Jesus während seiner Zeit auf dieser Erde die größten Kämpfe zu bestehen hatte und er deshalb auch am meisten betete.

Joschafat flehte Gott also an: „Herr, ich weiß, du hast mir in der Vergangenheit geholfen. Ich weiß, du kannst mir in der Zukunft helfen. Bitte hilf mir deswegen auch *jetzt.*"

Entspannen Sie sich im Vertrauen auf Gott

Gottes Antwort auf Joschafats Gebet lautete: „Habt keine Angst! Erschreckt nicht vor der Übermacht! Dieser Kampf ist nicht eure, sondern meine Sache!" (Vers 15). Das vierte Prinzip für den erfolgreichen Umgang mit alltäglichen Kämpfen lautet: *Entspannen Sie sich im Vertrauen auf Gott.* Viele Christen sind heute ausgebrannt, weil sie versuchen, Gottes Kämpfe aus eigener Kraft auszufechten. Wenn wir das jedoch probieren, werden wir garantiert besiegt werden.

> Nicht wir sind sein Halt, sondern Gott gibt uns Halt.
> Nicht wir halten ihn in der Hand,
> sondern Gott hält uns in seiner Hand.

Als noch unerfahrener junger Christ können wir oft nicht genau ermessen, auf was wir uns da eingelassen haben. In unserer überschwänglichen Begeisterung überschätzen wir uns und denken, dass wir alleine fähig genug sind, alle Welt zu Gott zu führen. Wir sind begierig, allen von Jesus Christus zu erzählen. Wir machen uns eifrig ans Werk, werden aber schnell von der Realität eingeholt. Letztendlich kommen wir reumütig auf allen vieren zurückgekrochen, enttäuscht darüber, dass wir Gott im Stich gelassen haben.

Aber Gott beruhigt uns: „Wie kannst du mich fallen lassen, wenn du mich zuvor doch gar nicht gehalten hast.“ *Nicht wir sind sein Halt, sondern Gott gibt uns Halt. Nicht wir halten ihn in der Hand, sondern Gott hält uns in seiner Hand.* Gott versucht uns zu sagen: „Entspanne dich im Glauben und lasse mich durch dich wirken.“

Es gab eine Zeit in meinem Leben als Christ, in der ich voller Elan für Gott im Einsatz war; allerdings alles aus eigener Kraft. Ich war bald unglaublich müde, und es kam der Punkt, an dem ich nicht mehr konnte: „Herr, da ist doch was faul. Ich hab's satt. Und ich hab's satt, dass ich es satt habe.“

Mein Entschluss stand fest: „Gott, ich gebe auf.“

In diesem Augenblick hörte ich eine Stimme: „Wunderbar! Jetzt kann *ich* endlich anfangen zu wirken, denn solange du da draußen eigene Pläne verwirklichen willst, wirst du es vermasseln. Entspanne dich und lass mich durch dich wirken.“

Der Apostel Paulus wies darauf hin: „Ihr habt Jesus Christus als den Herrn *angenommen*; darum *lebt nun auch in der Gemeinschaft mit ihm*“ (Kolosser 2,6; Hervorhebung des Autors). Überlegen Sie, warum Sie sich für ein Leben mit Jesus Christus entschieden haben, und stellen Sie sicher, dass Sie auch wirklich ein Leben mit ihm führen. Hier geht es um eine bewusste Entscheidung. In der Bibel heißt es zum Thema „Errettung“: „Ihr habt sie nicht durch irgendein Tun verdient; denn niemand soll sich mit irgendetwas rühmen können“ (Epheser 2,9). Man wird nicht Christ, weil man sich größte Mühe gibt oder verspricht, perfekt zu sein, und in jeder Situation versucht, sein

Allerbestes zu geben. Nein, Christ wird man, indem man einfach zu Gott sagt: „Herr, ich entspanne mich. Du sollst der Herr meines Lebens sein." Und daran sollen wir uns auch halten – entspannen, glauben und Gott ans Steuer lassen. Entsprechend ist ein Sieg auch ein Geschenk Gottes: „Dank sei Gott, dass er uns durch Jesus Christus, unseren Herrn, den Sieg schenkt" (1. Korinther 15,57).

In diesem Abschnitt ermahnt Gott Joschafat zwei Mal, die Angst abzulegen (2. Korinther 20,15 und 17). Der König dachte zwar, er habe allen Grund, Furcht zu verspüren – schließlich standen seinem Heer drei feindliche Heere gegenüber. Aber Gott beruhigte ihn: „Habt keine Angst." Warum nicht? Weil Gott versprochen hat, den Kampf für uns und mit uns zu führen.

Hat Gott jemals einen Kampf verloren? Nein! Keinen einzigen. Wir haben deshalb Gewissheit darüber, wie die Sache ausgehen und wer am Ende als Sieger aus dem Kampf hervorgehen wird. Es ist so, als würde man das letzte Kapitel eines Romans vorweg lesen, um sicher zu sein, dass alles gut ausgeht, und dann zum Anfang zurückkehren, um genüsslich und entspannt das ganze Buch zu verschlingen. Wenn wir Gott unsere Probleme anvertrauen, schrumpfen sie und werden klein.

Achten Sie auch darauf, was Gott zu Joschafat sagte: „Ihr selbst braucht nicht zu kämpfen; *bleibt ruhig stehen*" (Vers 17; Hervorhebung des Autors). Was bedeutet „ruhig stehen bleiben" in einer Problemsituation, einer Lebenskrise oder kurz vor Beginn eines Kampfes? Es geht um die innere Haltung großer Gelassenheit, die ausdrückt: „Ich werde Gott vertrauen."

Da gibt es etwas, das ich ausgesprochen langsam lerne: *Gott will nicht, dass ich vor einer schwierigen Situation davonlaufe.* Wenn ich kneife, wird mich die Situation verfolgen und später erneut einholen. Vielleicht in einer etwas anderen Variante, aber es *wird* ähnlich sein. Warum? Weil Gott mich lehren möchte, dass für ihn kein Problem zu groß ist und er eine Lösung hat. Wenn wir das heute nicht begreifen, verstehen wir es vielleicht nächste Woche. Wenn wir es nicht nächste Woche verstehen, lernen wir es vielleicht im nächsten Jahr – irgendwann werden wir es begriffen haben. Je früher, desto besser. Wir können uns viele Schwierigkeiten ersparen, indem wir ruhig stehen bleiben, Gelassenheit bewahren und in vertrauensvollem Glauben darauf warten, dass Gott handelt.

Was gibt uns einen festen, ruhigen Stand? Joschafat sagt, dass wir Gott vertrauen sollen. Er ist unser fester Grund und unsere Stütze. Und wir sollen seinen Propheten vertrauen, dann wird sich der Erfolg einstellen. Zuallererst müssen wir jedoch wissen und verinnerlichen, wer beziehungsweise wie Gott ist. Gott ist treu. Wir können uns auf ihn verlassen. Er wird uns niemals im Stich lassen. Zweitens müssen wir wissen, dass wir uns auf die Schriften, die biblische Wahrheit, die er uns durch seine Propheten gegeben hat, verlassen können. Die Bibel ist Gottes Wort und mit dieser felsenfesten Gewissheit und diesem festen Vertrauen sollen wir uns auf seine geschriebenen Verheißungen verlassen.

Danken Sie Gott im Voraus

Das fünfte Prinzip für den siegreichen Umgang mit unseren Kämpfen im Alltag lautet: *Danken Sie Gott bereits im Voraus für den Sieg.* Die Geschichte von Joschafat ist faszinierend. Nachdem er die Menschen befragt hatte, wählte er Männer aus, die an der Spitze der Truppe gehen und durch Gesang die Größe und Heiligkeit Gottes kundtun sollten (Vers 21).

Stellen Sie sich einmal die folgende Situation vor: Sie stehen auf einer Bergspitze und schauen über ein Tal auf den gegenüberliegenden Berg. Im Tal wird es gleich einen großen Kampf geben. Auf dem anderen Berg stehen die drei Heere, die nur darauf warten, die Israeliten zu vernichten. Diese harren auf ihrem Berg aus, als ihr Anführer Joschafat ruft: „Der Schlachtplan Gottes sieht folgendermaßen aus: Alle Sänger bitte vortreten! Ich möchte, dass ihr an vorderster Front geht.“ Und so zieht die Armee dann tatsächlich in die Schlacht – allen voran der Chor, der Gott Loblieder singt.

Funktionierte Gottes Plan? Ja. Die drei feindlichen Armeen waren verwirrt und brachten sich schließlich gegenseitig um! Die Israeliten gingen unbeschadet aus dem Kampf hervor und mussten nur noch die Beute einsammeln und untereinander aufteilen. Warum hat Gott auf diese Weise gehandelt? Er zeigt uns in diesem klaren bildlichen Beispiel, dass wir ihm bereits vor dem eigentlichen Sieg die Ehre geben sollen.

Ein Junge namens James hatte nichts mit dem Glauben am Hut. Er war sogar ein regelrechter Gegner des christlichen Glaubens. Eines Tages kaufte ihm seine Mutter eine Bibel, legte sie auf seinen Schreibtisch und erklärte: „Mein Sohn, hier liegt deine neue Bibel."

James fragte: „Und wozu?"

Seine Mutter antwortete: „Du weißt es noch nicht, aber du wirst bald dein Leben Jesus anvertrauen."

James erwiderte trotzig: „Nein, werde ich nicht. Ich werde Fußball spielen und in die Hölle kommen."

An diesem Abend stand seine Mutter während des Gottesdienstes auf und verkündete: „Mein Sohn wird bald sein Leben Christus anvertrauen. Er weiß noch nichts davon, aber ich danke Gott schon im Voraus dafür."

Als seine Freunde James auf der Straße trafen, sprachen sie ihn darauf an: „Wir haben gehört, dass du jetzt ein Christ bist."

„Nein, ich nicht, nur meine verrückte Mutter. Ich werde Fußball spielen und in die Hölle kommen."

Aber seine Mutter bat den Pastor: „Ich möchte, dass Sie am Samstagabend im Gottesdienst zwanzig Minuten reservieren, damit mein Sohn ein Zeugnis ablegen kann."

Am Freitagabend vor dem besagten Samstag – James spielte gerade Fußball – spürte er plötzlich Gottes Gegenwart auf dem Spielfeld. Er fiel auf die Knie und betete vor allen Zuschauern: „Herr, ich brauche dich in meinem Leben. Wenn es dich wirklich gibt, dann komm und verändere mich. Errette mich, egal, was mich das kostet. Schenk mir ein neues Leben mit dir."

Noch immer in seinem Sporttrikot, rannte James vom

Spielfeld, die Straße hinunter und stürmte in sein Elternhaus. Er umarmte seine Mutter und verkündete: „Mutti, ich habe gerade mein Leben Jesus anvertraut."

Sie erwiderte gelassen: „Natürlich! Das sage ich dir doch schon seit drei Wochen!"

Diese Geschichte hat sich wirklich so ereignet, und sie belegt, was passiert, wenn wir Gott bereits im Voraus danken. Wir lernen hier: *In der Dankbarkeit liegt Kraft.* Jeder von uns kann sagen: „Herr, ich weiß, ich habe Probleme, aber ich danke dir bereits jetzt in dem Wissen, dass es keine Situation gibt, die du nicht lösen kannst. Du hast alles im Griff." Das macht echtes Vertrauen aus – Gott schon im Voraus zu danken.

Praktische Schritte

- Welche Einstellung müssen Sie beim Umgang mit den Problemen, die Sie momentan beschäftigen und belasten, verändern?
- Gibt es eine Situation, in der Sie Gott bereits im Voraus für die zugesagte Hilfe danken können?

8 Wie kann ich in Krisenzeiten zuversichtlich sein?

Die Stürme des Lebens

In der Bibel wird davon berichtet, dass es im Leben drei unterschiedliche Arten von Stürmen gibt: Stürme, in die wir uns selbst hineinmanövrieren (Simson, der seine Schwierigkeiten selbst herbeiführte); Stürme, die Gott schickt (wie der, den Jesus auf dem See Genezareth gestillt hat); und Stürme, die andere Menschen verursachen (einer von diesen brachte Paulus und Silas ins Gefängnis). Gerät man unverschuldet in eine Krise, ist diese letzte Form des Sturmes besonders schwer zu ertragen.

Wie verhalten wir uns in diesen stürmischen Zeiten? Wie können wir ungeachtet der Umstände Ruhe bewahren und verhindern, dass wir Mut und Vertrauen verlieren?

Gottes Plan für den Apostel Paulus sah vor, ihn als Gefangenen an Bord eines Schiffes von Palästina nach Rom zu bringen. (Im Grunde hatte Paulus sich auch sehr gewünscht, in Rom zu predigen, aber er hatte bestimmt nicht geplant, unter diesen Umständen dorthin zu kommen.) Nachdem sie durch das Mittelmeer gesegelt waren und das Schiff im Hafen der Insel Kreta vor Anker ging, beauftragte Gott Paulus, die Besatzung vor der Weiterfahrt zu warnen, da ein heftiger Sturm aufziehen würde. Die Seeleute waren jedoch ungeduldig und darauf bedacht, weiterzukommen, und ignorierten Gottes Rat (Apostelgeschichte 27,9–12).

Ungeduld bringt uns oft in Schwierigkeiten. Wenn wir es uns gestatten, die Geduld zu verlieren, müssen wir mit einem Sturm rechnen. Ich habe mit vielen Menschen gesprochen, in deren Leben Stürme aufzogen, weil sie ungeduldig waren – sie konnten es nicht erwarten, zu heiraten, einen neuen Arbeitsplatz zu bekommen oder in eine andere Stadt zu ziehen. Sie nahmen sich nicht die Zeit, die Umstände zuerst mit Gott zu besprechen, sondern segelten einfach drauflos, mitten hinein in den aufkommenden Sturm.

Paulus prophezeite den Seeleuten: „Ich sehe voraus, dass eine Weiterfahrt zu großen Schwierigkeiten führen wird. Sie bringt nicht nur Ladung und Schiff in Gefahr, sondern auch das Leben der Menschen an Bord" (Vers 10). Dennoch stachen sie in See. Warum? Sie gaben der menschlichen Natur nach. Es gibt drei weitverbreitete Gründe, warum Menschen sich selbst in Bedrängnis bringen. Diese Gründe sind heute noch so aktuell wie in den zweitausend Jahre alten Berichten der Apostelgeschichte – weil sich das Wesen des Menschen nicht verändert hat.

Wie geraten wir in eine Krisensituation?

Falsche Experten

Der Hauptmann, der für Paulus verantwortlich war, ignorierte dessen Einwand und hörte lieber auf den Rat von Kapitän und Steuermann des Schiffes. Sie stachen in See. Hier wird der erste Grund deutlich, warum wir aus eigener Schuld in Bedrängnis geraten: *Wir vertrauen den falschen Experten.*

Die Welt ist voller Menschen mit verrückten Ideen und fast im Wochenrhythmus werden neue Therapien und Modeerscheinungen propagiert.

Die Welt ist voller Menschen mit verrückten Ideen und fast im Wochenrhythmus werden neue Therapien und Modeerscheinungen propagiert. Da sagt jemand: „Der Schlüssel zu wahrem Glück sind Bananen und Joghurt." Ein anderer erklärt: „Nein, der Schlüssel zu einem glücklichen Leben besteht darin, dass wir seltsame Körperhaltungen einnehmen und dazu ‚Ommm' singen müssen." Wieder ein anderer verkündet: „Nein, der Schlüssel zum Glück liegt im Kauf dieser Schulungsvideos." Es scheint, als habe jeder eine Lösung gefunden – und jeder hält sich für einen Experten. Tatsache ist jedoch, dass diese Fachleute oft falsch liegen. Einige Menschen rennen so lange von einem Spezialisten zum nächsten, bis sie einen finden, der ihrer Meinung ist und ihre Überzeugungen bestätigt. Wenn wir falsche Experten konsultieren, manövrieren wir uns selbst in Schwierigkeiten – oder in einen Sturm. Der einzig wahre Experte, auf den man sich wirklich verlassen kann, ist Gott.

Irrende Mehrheiten

Der Hafen, in dem sie vor Anker lagen, eignete sich nicht zum Überwintern, deshalb beschloss die Mehrheit der Besatzung weiterzusegeln. Ihr Ziel war der sichere Hafen der Stadt Phönix, die auf der anderen Seite von Kreta lag (Vers 12). Hier wird der zweite Grund für selbstverschuldete Schwierigkeiten deutlich: *Wir verlassen uns auf eine Mehrheitsentscheidung.* Fakt ist jedoch: Auch eine Mehrheit kann sich irren. Erinnern Sie sich an Mose. Was passierte, als er das Volk Israel ins verheißene Land führen wollte? Die Mehrheit war für die Rückkehr nach Ägypten. Das wäre jedoch die falsche Entscheidung gewesen. Wir können schnell vom Weg abkommen und uns selbst in große Schwierigkeiten bringen, wenn wir den allgemein vorherrschenden und populärsten Meinungen Glauben schenken. Wenn wir jedoch auf Gottes Rat hören, sind wir auf dem richtigen Weg.

> Wir können schnell vom Weg abkommen
> und uns selbst in große Schwierigkeiten bringen,
> wenn wir den allgemein vorherrschenden
> und populärsten Meinungen Glauben schenken.

Irreführende Umstände

Die Geschichte geht noch weiter: „Als ein leichter Südwind einsetzte, nahmen die Seeleute es für ein günstiges Zeichen. Die Anker wurden gelichtet und das Schiff segelte so dicht wie möglich an der Küste Kretas entlang“ (Vers 13). Das war eine Fehlentscheidung. Aus welchem dritten Grund manövrieren wir uns in die Bredouille? *Wir verlassen uns auf die äußeren Umstände.* In der Bibel steht, dass ein leichter Südwind einsetzte. Was gibt es Besseres für eine ruhige, angenehme Schiffsreise übers Mittelmeer? Die Seeleute glaubten, ihr Wunsch sei in Erfüllung gegangen, weil die Umstände günstig schienen. Aber es ist töricht und unklug, Gottes Anweisung zu ignorieren, selbst wenn Umstände erst einmal anderes vorgaukeln. In einem Augenblick kann alles richtig und gut aussehen – und trotzdem kann sich ein heftiger Sturm zusammenbrauen.

Ich habe Menschen sagen hören: „Ich habe ein gutes Gefühl dabei, dann muss es auch die richtige Entscheidung sein.“ In einem bekannten Lied aus den 1970ern heißt es: „It can't be wrong when it feels so right“ – es kann doch nicht falsch sein, wenn es sich so gut anfühlt. Im dritten Kapitel dieses Buches ging es darum, dass Gefühle tatsächlich häufig trügen. Wenn Gott sagt: „Wartet im Hafen“, sollte man das ernst nehmen und dort verweilen; der Teufel kann nämlich einige unerwünschte Umstände arrangieren, die uns unter Umständen eine böse Überraschung bereiten, wenn wir eigenmächtig lossegeln.

> Wege in die Krise: „Ich habe ein gutes Gefühl dabei, dann muss es auch die richtige Entscheidung sein.“

In der Seelsorge höre ich immer wieder, dass Menschen dachten, sie hätten erreicht, was sie wollten, die dann aber direkt auf einen Sturm zusteuerten; so wie die Seeleute in der Apostelgeschichte. „Aber bald brach aus der Richtung der Insel ein Sturm los, der gefürchtete Nordost“ (Vers 14), und in ihm fühlten sie sich gefangen. Das Schiff – wie so viele Ehepaare, die bei mir in der Seelsorge waren – wurde vom Sturm mitgerissen, und es war unmöglich, weiter den Kurs zu halten.

Schwerwiegende Fehler in Krisenzeiten

Driften Sie nicht ab

In Krisensituationen reagieren wir in der Regel auf die folgenden drei Arten – genau wie die Seeleute. Ihre Reaktionen waren typisch für Menschen, die unter Druck stehen. Weil die Männer den Kurs nicht halten konnten, ließen sie sich einfach treiben (vgl. Vers 15). Später „brachten sie den Treibanker aus und ließen das Schiff dahintreiben" (Vers 17). Was passiert in einem Sturm zuerst? Man büßt die richtige Richtung ein und treibt ab. Wir verlieren unsere Ziele aus den Augen und merken nicht mehr, wohin wir steuern. *Wir vergessen unsere Werte und treiben einfach so dahin.*

Wir vergessen unsere Werte
und treiben einfach so dahin.

Die Seeleute hatten keinen Kompass und die dicken Wolken am Himmel verdeckten die Sterne. Sie waren von völliger Finsternis umgeben. Was geschieht, wenn alles um uns herum finster und kein Licht mehr zu sehen ist und wir nichts mehr haben, das uns die Richtung anzeigt? Wir treiben dahin. Die Wellen erfassen uns und wir sind ihnen hilflos ausgeliefert. Wir sind ihnen genauso hilflos ausgeliefert wie unseren Problemen. Der starke Wellengang, das ständige Auf und Ab in unserem Leben, treibt uns dann zu der Frage: „Wozu das Ganze? Warum noch länger dagegen ankämpfen?" Wir lassen uns entmutigt treiben.

Werfen Sie nicht alles über Bord

Paulus' Reisebedingungen verbesserten sich in der Folgezeit keineswegs. „Der Sturm setzte dem Schiff stark zu, deshalb warf man am nächsten Tag einen Teil der Ladung ins Meer. Am Tag darauf warfen die Seeleute eigenhändig die Schiffsausrüstung über Bord" (Verse 18–19). Wenn eine Krise droht, beginnen wir zunächst davonzutreiben, *dann schmeißen wir Dinge aus unserem Leben über Bord.* Bei den Seeleuten war es erst die Ladung, dann die Schiffsausrüstung und schließlich das Getreide (Vers 38). Letztlich sprangen sie selbst ins Meer und versuchten, an Land zu schwimmen (Verse 43–44).

In einer Krise ist die Versuchung groß,
genau jene Dinge über Bord zu werfen,
die uns sehr wichtig sind – die Werte,
die wir in guten Zeiten hochgehalten haben.

In einer Krise ist die Versuchung groß, genau jene Dinge über Bord zu werfen, die uns sehr wichtig sind – die Werte, die wir in guten Zeiten hochgehalten haben. Wir neigen dazu, Dinge rauszuschmeißen, weil wir unter Anspannung stehen und uns von allem befreien wollen. Wir handeln impulsiv. Wir geben all unsere Träume auf. Wir vernachlässigen Freundschaften und trennen uns von Wertevorstellungen, die uns schon in der Kindheit beigebracht wurden.

Verzweifeln Sie nicht

Als Drittes verloren die Männer auf dem Schiff alle Hoffnung. „Tagelang zeigten sich weder Sonne noch Sterne am Himmel. Der Sturm ließ nicht nach und so verloren wir am Ende jede Hoffnung auf Rettung" (Vers 20). *In Extremsituationen erreichen wir irgendwann den Punkt der Verzweiflung und verlieren jede Hoffnung.* Das Letzte, wovon wir uns in stürmischen Zeiten trennen, ist die Hoffnung. Wenn diese schließlich verloren geht, geben wir endgültig auf.

Das Letzte, wovon wir uns in stürmischen Zeiten trennen, ist die Hoffnung.
Wenn diese schließlich verloren geht, geben wir endgültig auf.

Die Seeleute verbrachten vierzehn Tage bei absoluter Dunkelheit in dem kleinen Schiff auf dem Meer. Der Sturm setzte dem Schiff heftig zu, sodass sie alles über

Bord warfen und jede Hoffnung verloren. Vielleicht fühlen Sie sich im Augenblick wie diese Seeleute. Haben Sie in der letzten Woche, im letzten Monat oder im letzten Jahr ein Problem durchlebt, das Ihnen heftig zusetzte und Sie total durcheinanderbrachte? Haben Sie den Punkt erreicht, an dem Sie sich von wichtigen Dingen getrennt haben, und sind nun völlig verzweifelt? Das passierte bei den Seeleuten: Sie verloren die Hoffnung, weil sie vergessen hatten: *Gott ist Herr über jede Situation.* Sie hatten vergessen, dass Gott einen Plan hat. Sie hatten vergessen, dass Gott in absolut hoffnungslosen Situationen neue Hoffnung schenken kann!

Wie reagierte Paulus auf die Krise?

Paulus' Reaktion in dieser Situation ist verblüffend. Er verhielt sich ganz anders als die Seeleute! Sie waren verzweifelt. Ihnen erschien die Situation hoffnungslos. Sie waren entmutigt und deprimiert und warfen alles über Bord, um den Untergang des Schiffes zu verhindern.

Paulus lebte etwas anderes vor. Er blieb ruhig und zuversichtlich. Er bewies Mut in der Krise. Nichts konnte ihn beunruhigen.

Die Reaktion der Seeleute entspricht der Reaktion, zu der wir normalerweise neigen. So muss es aber nicht zwangsläufig sein! In Krisenzeiten wird unser Glaube auf die Probe gestellt. Es ist leichter, als Christ zu leben, wenn alles im Lot ist, alle Gebete erhört werden, wir uns guter Gesundheit erfreuen und eine Gehaltserhöhung ansteht. In Zeiten wie diesen ist Christsein einfach.

Unser Glauben wird dann auf den Prüfstand gestellt, wenn Probleme auftauchen, wir verzweifelt und ziellos dahintreiben und die Dinge über Bord schmeißen, die im Leben wirklich wichtig sind. Unser Charakter *zeigt* sich in Krisenzeiten, aber er *entsteht* nicht in dieser Zeit. Charakter wird in den alltäglichen, banalen Situationen des Lebens geformt und gefestigt. In der Routine entwickelt sich der Charakter. Wie er wirklich ist, zeigt sich dann, wenn wir Schiffbruch erleiden und unsere Sorgen uns in die Tiefe reißen wollen.

Was sollen wir tun, wenn es so aussieht, als würde alles zusammenbrechen, und unser Schiff zu sinken droht? Was sollen wir tun, wenn große Probleme über uns hereinbrechen? Wie reagierten die Seeleute? „Sie fürchteten, auf ein Küstenriff aufzulaufen, darum warfen sie vom Heck vier Anker aus und wünschten sehnlichst den Tag herbei“ (Vers 29). Das Klügste und Sicherste, was man in einem Sturm tun kann, ist: den Anker auswerfen, stehenbleiben und abwarten. Situationen verändern sich und das Leben geht weiter. Schon der Psalmist verspricht, dass „alle, die dem Herrn vertrauen, sind wie der Zionsberg: Für immer unerschütterlich und fest“ (Psalm 125,1).

Wenn Menschen mit großen Sorgen konfrontiert sind, die sie zu ersticken drohen, meinen sie oft, alles in ihrem Leben auf einen Schlag verändern zu müssen, jetzt und sofort. Angesichts überwältigender Probleme können sie einfach nicht stillstehen. Verliert jemand den Ehepartner durch Scheidung oder Tod, folgt oft die folgende typische Reaktion: „Ich werde meine Arbeitsstelle aufgeben, mein gesamtes Hab und Gut verkaufen, weit wegziehen und woanders ganz von vorne anfangen." Aber genau das braucht man in dieser Situation *nicht* – noch mehr Veränderung. In Zeiten wie diesen müssen wir vielmehr den Anker werfen, um wieder Stabilität zu erlangen!

Anker für die Seele

Warum war Paulus so zuversichtlich? Drei geniale Wahrheiten haben ihn ermutigt. Diese drei Grundlagen des christlichen Glaubens sind wie ein Anker für die Seele. Mit diesen drei Wahrheiten können wir wieder festen Boden unter die Füße bekommen und Stabilität erreichen. Wenn dann ein gewaltiger Sturm heraufzieht, uns erfasst und hin und her treibt, können wir voller Vertrauen sein. Es handelt sich um Wahrheiten, auf die wir unser Leben aufbauen können und die uns in stürmischen Zeiten Stabilität und Halt geben werden.

Gottes Gegenwart

Der erste Anker in einer Krise ist *Gottes Gegenwart.* Inmitten des Sturmes sagte Paulus: „In der vergangenen Nacht erschien mir nämlich ein Engel des Gottes, dem ich gehöre und dem ich diene, und sagte zu mir: ‚Hab keine Angst, Paulus'" (Apostelgeschichte 27,23–24). Daraus lernen wir, dass uns auch die dunkelsten Gewitterwolken eines Sturms niemals von Gott trennen können. Vielleicht können wir ihn nicht sehen, aber er sieht uns. Wir befürchten vielleicht, Gott sei Millionen von Kilometern entfernt, aber er ist dennoch bei uns und wacht über uns. Gott sandte einen seiner persönlichen Vertreter, einen Engel, um Paulus mitzuteilen: „Ich bin bei dir. Ich sehe dich in dem kleinen Schiff auf dem großen, stürmischen Meer."

Gott verspricht in seinem Wort:

- „Niemals werde ich dir meine Hilfe entziehen, nie dich im Stich lassen" (Hebräer 13,5).
- „Ich bin immer bei euch, jeden Tag, bis zum Ende der Welt" (Matthäus 28,20).
- „Und ich werde den Vater bitten, dass er euch an meiner Stelle einen anderen Helfer gibt, der für immer bei euch bleibt" (Johannes 14,16).

Ganz egal, wie stürmisch es in Ihrem Leben gerade zugeht, Gott ist bei Ihnen! Er ist der Anker, auf den Sie sich absolut verlassen können!

An vielen Stellen in der Bibel lesen wir Zusagen, dass Gott bei uns ist. Es gibt nichts, das wir alleine durchstehen müssen, weil Gott immer gegenwärtig ist. Ganz egal, wie stürmisch es in Ihrem Leben gerade zugeht,

Gott ist bei Ihnen! Er ist der Anker, auf den Sie sich absolut verlassen können!

Gottes Plan

Der zweite Anker in Krisensituationen wird in Apostelgeschichte 27, Vers 24 beschrieben. Paulus wiederholt die Worte des Engels: „Hab keine Angst, Paulus! Du musst vor den Kaiser treten, und auch alle anderen, die mit dir auf dem Schiff sind, wird Gott deinetwegen retten." Gott versicherte Paulus: „Ich habe einen Plan für dein Leben. Es gibt einen Grund, warum du an Bord dieses Schiffes bist. Ich habe mit deinem Leben noch Größeres vor, mein Plan mit dir geht weit über die augenblickliche Situation hinaus." Der zweite Anker in Krisenzeiten ist *Gottes Plan.*

Jeder Christ sollte an Bestimmung glauben. Niemand wurde durch Zufall geboren, ungeachtet aller die Geburt umgebenden Umstände. Und wir sind nicht nur auf der Welt, um einen kleinen Raum einzunehmen. Nein, Gott hat ein konkretes Ziel und einen Plan für unser Leben. Lebensstürme sind nur vorübergehende Rückschläge auf dem Weg zu diesem Ziel. Es gibt rein gar nichts, das Gottes oberstes Ziel für unser Leben verändern kann, es sei denn, wir stellen uns bewusst gegen Gott. Wenn wir seinen Plan zurückweisen wollen, wird Gott das zulassen. Aber die Bibel lehrt uns, dass kein Außenstehender Gottes Plan für unser Leben verändern kann. Gott überlässt allein *uns* diese Entscheidung –

wir können seinen Plan entweder annehmen oder ablehnen. Was auch immer passiert – wenn wir sagen: „Herr, ich möchte deinen Willen tun“, können keine äußeren Mächte Gottes Plan für unser Leben verändern.

> Es gibt rein gar nichts, das Gottes oberstes Ziel für unser Leben verändern kann, es sei denn, wir stellen uns bewusst gegen Gott.

Gottes Ziel übersteigt jede Situation, in der wir uns jemals befinden werden. Sein Plan geht weit über unsere heutigen Probleme hinaus. Eines ist dabei wichtig: Es ist gefährlich, wenn wir unseren Blick stärker auf unsere Probleme lenken als auf unser Lebensziel. Wenn wir dies tun, werden wir schnell dahintreiben und Dinge über Bord werfen. Wenn wir den Blick auf die Sorgen richten anstatt auf Gottes großes Ziel für unser Leben, wird Verzweiflung in uns aufsteigen. Sobald wir unser Ziel aus den Augen verlieren, werden wir uns fragen, warum wir überhaupt existieren. Wir werden plan- und ziellos durchs Leben treiben.

Gottes Verheißung

Der dritte Anker, der uns in Krisenzeiten Zuversicht gibt, findet sich in Vers 25. Paulus sagt an dieser Stelle: „Also seid mutig, Männer! Ich vertraue Gott, dass alles so kommen wird, wie er es zu mir gesagt hat.“ *Gottes Verheißung* ist der dritte Anker. Gott hält immer, was er verspricht. Stürme können uns nicht vor Gott verbergen, weil er immer und überall bei uns ist. Stürme können Gottes Ziel für unser Leben nicht verändern, weil dieses absolute Gültigkeit besitzt. Stürme können ein Kind Gottes nicht zugrunde richten, weil Gottes Versprechen verlässlich und sicher sind.

Einige von uns durchleben im Moment schlimme Zeiten. Die Probleme sind gewaltig, und wir befürchten, endgültig unterzugehen. Gott ermutigt uns: „Auch wenn du die Ladung verlierst, die Schiffsausrüstung verlierst, sogar das Schiff verlierst, ja, vielleicht sogar nass wirst und kein Land in Sicht ist – du wirst es schaffen, weil ich es versprochen habe.“ Wie heißt es doch so schön: „Was Gott zusagt, hält er gewiss.“ Da gibt es keine Diskussion, das gilt. Was tun Sie jetzt am besten? Entspannen. Bleiben Sie in Krisenzeiten entspannt und zuversichtlich.

Betend warten

Wie verhalten wir uns, bis die Krise überstanden ist? Wir tun das Gleiche, was auch die Seeleute getan haben: „Sie fürchteten, auf ein Küstenriff aufzulaufen, darum warfen sie vom Heck vier Anker aus und wünschten sehnlichst den Tag herbei“ (Apostelgeschichte 27,29). *Werfen Sie den Anker aus, und beten Sie dafür, dass die Sonne wieder aufgeht.*

Was geschah daraufhin? Der Tag brach an und die Seeleute entdeckten eine ihnen unbekannte Küste. Sie fanden eine Bucht mit einem flachen Strand und setzten dort das Schiff auf Grund. Alle 276 Menschen auf dem Schiff sprangen über Bord und kamen unversehrt an Land (Verse 39–44).

In den Stürmen unseres Lebens sagt Gott zu uns: „Ich bin bei dir." Diese Gewissheit soll unserem Leben Stabilität und uns die Zuversicht geben, die wir in schwierigen Situationen brauchen. Stürme können Gott nicht von uns trennen oder uns von ihm. Vielleicht befinden Sie sich derzeit in einer kritischen Lage. Aber vergessen Sie nicht: Gott hat einen Plan und ein Ziel für Ihr Leben! Alles hat einen Sinn und Sie werden unversehrt an Land gelangen.

Praktische Schritte

- Wann haben Sie sich bei einer Entscheidung eher wie die Seeleute verhalten und nicht wie der Apostel Paulus?
- Wie haben Sie in der Vergangenheit diesen ersten Anker – die Gegenwart Gottes – erlebt?

9 Wie kann ich mich jemals verändern?

Wenn Sie eine Sache an sich selbst verändern dürften, was wäre das? Die meisten von uns stehen einer Veränderung positiv gegenüber. Regelmäßig finden sich Selbsthilfebücher auf den diversen Bestsellerlisten, und die *New York Times* führt sogar zwei gesonderte Kategorien, einmal für Ratgeber in gebundener Ausgabe und einmal für Taschenbücher. Wir nehmen an Seminaren teil, lesen schlaue Bücher, probieren die unterschiedlichsten Diäten und hören Kassetten zu diesem Thema.

Auch Gott möchte, dass wir uns verändern. Ein Leben, das keine Veränderung zulässt, ist eine große Tragödie, ein vergeudetes Leben. Veränderung ist ein unvermeidlicher Teil des Wachstumsprozesses, und wir brauchen sie, um fit zu bleiben und vorwärtszukommen.

Leider sind die von den neuen Ideen aus den Büchern oder Seminaren herbeigeführten Veränderungen sehr oft nicht von Dauer. Eventuell haben wir uns für eine Weile verändert, nur um dann festzustellen, dass die neuen Methoden keine bleibende Wirkung haben. Das ist sicher vor allem darauf zurückzuführen, dass wir uns nur mit unserem *äußeren* Verhalten beschäftigen, anstatt unserem *inneren* Verhalten und unseren Motiven auf den Grund zu gehen. Jede dauerhafte Veränderung muss im Inneren beginnen und genau da fängt Gott an.

In der Geschichte von Jakob finden wir den von Gott angewandten Veränderungsprozess wieder und können nachvollziehen, wie er uns dabei hilft, die Person zu werden, die wir schon immer werden wollten. Die im 32. Kapitel des Buches Genesis beschriebene Situation war ein Wendepunkt im Leben von Jakob und dient als klares Beispiel dafür, wie Gott uns verändern kann.

Der Vier-Schritte-Prozess

Jakob war ein hinterlistiger Zeitgenosse. Sein Name bedeutet auf Hebräisch so viel wie „Betrüger“ oder „Intrigant“. Durch eine lebensverändernde Erfahrung entwickelte er sich jedoch zu einem neuen Menschen und dem Mann, nach dem später die gesamte Nation Israel benannt wurde. Nach dieser einschneidenden Erfahrung war Jakob nie wieder der Gleiche.

In dieser Geschichte zeigen sich deutlich die vier Schritte, die Gott anwendet, damit wir die Art von Menschen werden, die wir gerne sein möchten. Es ist eine wahrhaft ermutigende Botschaft, die verspricht, dass wir nicht im Alten verhaftet bleiben müssen!

Außerdem hilft uns Gott bei der Veränderung und der Überwindung von Schwächen und wunden Punkten in unserem Leben. Wir müssen lediglich bereit sein, uns von ihm verändern zu lassen. Wie kann das im Einzelnen vor sich gehen?

In Genesis, Kapitel 32 wird davon berichtet, dass Jakob eines Nachts allein auf dem Feld war, als jemand erschien. In Hosea 12, Vers 5 steht, dass es sich hierbei um einen Engel handelte, der bis zum Tagesanbruch mit ihm kämpfte.

Als der Engel merkte, dass sich Jakob nicht besiegen ließ, „gab er ihm einen Schlag auf das Hüftgelenk, sodass es sich ausrenkte. Dann sagte er zu Jakob: ‚Lass mich los; es wird schon Tag!'" (Genesis 32,26–27).

Sie fragen sich jetzt vielleicht, was dieses Ringen mit einem Engel vor mehreren tausend Jahren mit Ihnen und Ihrer eigenen Veränderung zu tun hat. Dieser Vorfall enthält einige beachtenswerte Elemente, die klar die vier für Veränderung notwendigen Schritte veranschaulichen. Diese vier Schritte, Phasen oder Stadien lauten: *Krisen, Hingabe, Eingeständnis* und *Zusammenarbeit.*

Krisen

Der erste Schritt hat mit *Krisen* zu tun. Jakob und der Engel kämpften lange miteinander, und der Engel hatte Schwierigkeiten, ihn niederzuringen. Sie befanden sich in einer Position, in der keiner von beiden gewinnen konnte. Bei Tagesanbruch war auch Jakob von dem Kampf erschöpft, und er erkannte, dass er keinen Sieg erringen konnte. Er befand sich in einer Situation, über die er keine Kontrolle hatte.

> Wenn Gott uns verändern will,
> weckt er unsere Aufmerksamkeit,
> indem er eine frustrierende Situation zulässt,
> die wir nicht in den Griff bekommen.

Hier lernen wir: Wenn Gott uns verändern will, weckt er unsere *Aufmerksamkeit,* indem er eine frustrierende Situation zulässt, die wir nicht in den Griff bekommen. Wir können sie nicht bewältigen und werden angesichts des zähen Kampfes immer müder. Gott gebraucht Erfahrungen, Probleme und Krisenzeiten, um unsere Aufmerksamkeit zu erlangen. Wenn wir uns gerade in einer schwierigen Lage befinden, dann unter Umständen deshalb, weil Gott uns zum Besseren verändern möchte. Ein Mensch lässt Veränderung grundsätzlich erst dann zu, wenn ihm die gegenwärtige Situation zu unbehaglich erscheint, wenn er unzufrieden ist und sich schlecht fühlt. Erst wenn es unbequem und dramatisch wird, signalisieren wir die Bereitschaft, dass Gott etwas in unserem Leben verändern darf.

Eine Adlermutter zerstört das Nest ihrer Jungen, macht es ihnen unbequem, stößt die Jungen hinaus und zwingt sie so, das Fliegen zu lernen – zu ihrem eigenen

Besten. Gott geht in unserem Leben ähnlich vor: Er nimmt uns die Behaglichkeit – wenn das in unserem Fall der entscheidende Punkt sein sollte, der in uns die Bereitschaft zur Veränderung weckt. Er weiß am besten, was gut für uns ist, und er möchte, dass wir uns weiterentwickeln. Er lässt Krisen, Probleme, Ärger und Frust in unserem Leben zu, damit wir ihm unsere Aufmerksamkeit schenken. Er muss so vorgehen, weil wir unsere Angst vor Veränderung erfahrungsgemäß erst überwinden, wenn der Schmerz und der Druck groß genug sind.

Hingabe

Der zweite Schritt, der zur Veränderung beiträgt, lautet: *Hingabe.* Als der Engel Jakob darum bat, ihn loszulassen, entgegnete dieser: „Ich lasse dich nicht los, bevor du mich segnest" (Vers 27). Jakob war ausdauernd, engagiert und hielt durch, bis er die Situation erfolgreich überstanden hatte. Seine Lage gefiel ihm ganz und gar nicht. Sie war frustrierend und deprimierte ihn, dennoch war er fest entschlossen, so lange durchzuhalten, bis Gott alles zum Guten wenden würde.

Was können wir hieraus lernen? Nachdem Gott durch Zulassen eines Problems unsere Aufmerksamkeit bekommt, löst er dieses nicht umgehend. Er lässt sich etwas Zeit, um zu prüfen, wie ernst es uns wirklich ist. Die meisten Menschen verpassen die großartigen Dinge, die Gott für ihr Leben vorgesehen hat, weil sie vorzeitig aufgeben. Sie machen einen Rückzieher. Sie lassen sich entmutigen. Wenn Gott ein Problem in unserem Leben zulässt, sollten wir eigentlich sagen: „Herr, ich werde nicht aufgeben, bis du mich segnest; bis du die Dinge zum Guten wendest.“ Viele Menschen geben stattdessen schon im Vorfeld auf und verpassen damit das Beste von Gott.

In der Seelsorge frage ich beispielsweise bei Eheproblemen: „Haben Sie versucht, für Ihre Situation zu beten?“

Die Paare entgegnen: „Oh ja, wir haben gebetet!“

„Wie oft?“

„Ein Mal.“

Wir sind es heutzutage gewohnt, dass wir überall sofort Ergebnisse sehen – beim Schnellgericht aus der Mikrowelle, beim schnellen Erfolg und dem schnellen Zugang zum Internet. Erhalten wir dann nicht direkt eine Antwort auf unser Gebet oder tritt keine sofortige Besserung der Situation ein, sagen wir: „Gott, vergiss es.“ Ein unglückliches Ehepaar möchte dann am liebsten alles hinschmeißen, obwohl die Lösung in greifbarer Nähe ist. Sie machen einen Rückzieher, obwohl der gute Ausgang bevorsteht.

Wenn wir uns wirklich ernsthaft nach Veränderung sehnen, dürfen wir nicht vergessen, dass die gegenwärtigen Schwierigkeiten ja nicht plötzlich von einem Tag auf den anderen über uns hereingebrochen sind.

Wenn wir uns wirklich ernsthaft nach Veränderung sehnen, dürfen wir nicht vergessen, dass die gegenwärtigen Schwierigkeiten ja nicht plötzlich von einem Tag auf den anderen über uns hereingebrochen sind. Unser Handeln, unsere Gewohnheiten, Ängste und Schwächen, der Umgang mit unserem Ehepartner, all das hat sich über Jahre entwickelt und unsere Meinungen und unser Verhalten geprägt. Gott muss dies alles nun Schicht für Schicht entfernen. Deshalb benötigt er normalerweise eine Weile, um uns verändern.

Darüber hinaus benötigen wir Zeit, um uns wieder an neue Bedingungen und Situationen zu gewöhnen. Psychologen sagen, man müsse etwas sechs Wochen lang tun, bevor es zu einer festen Gewohnheit werde. Aus diesem Grund beschäftigen sich viele Menschen nie länger und intensiver mit der Bibel. Sie lesen zwei, drei Tage in ihr, setzen dann ein paar Tage aus, bevor sie die Bibel erneut zur Hand nehmen. Damit kommen sie nie über diese sechs Wochen hinaus und wundern sich, warum sie sich dabei nie wirklich gut fühlen. Wir müssen etwas Neues mindestens sechs Wochen täglich verbindlich tun, bevor uns diese gute, neue Gewohnheit in Fleisch und Blut übergeht.

Ganz gleich, was Sie tun, *geben Sie nicht auf!* Es gibt Hoffnung. Bleiben Sie dran! Erwarten Sie von Gott das Beste für Ihr Leben.

Eingeständnis

Der dritte Schritt in Gottes Veränderungsprozess lautet: *Eingeständnis*. Der Engel fragte Jakob: „Wie heißt du?" (Vers 28). Wieso wollte der Engel das wissen? Er wollte, dass Jakob sich seines Charakters bewusst wird, indem er seinen Namen ausspricht. Jakob bedeutet übersetzt so viel wie „Betrüger" oder „Intrigant". Jakob erinnerte sich an das Leid, das er seinem Bruder mit seiner Täuschung zugefügt hatte. Der Engel erkundigte sich also: „Wer bist du wirklich? Was für einen Charakter hast du?" Und Jakobs Antwort lautete: „Ich bin ein Betrüger. Ich bin ein Intrigant." Jakob stand zu seiner Schwäche; obwohl sonst ein Lügner, war er an dieser Stelle aufrichtig. Als er sich selbst „Jakob" nannte, gestand er damit seinen Makel und seinen schlechten Charakter ein.

Das ist ein wichtiger Aspekt bei Gottes Veränderungsprozess in uns, weil wir uns erst verändern werden, wenn wir uns ehrlich unserer Fehler, Sünden, Schwächen und Schuld bewusst werden. Erst nach diesem Eingeständnis wird Gott sich unserem aktuellen Problem zuwenden. Wir müssen sagen: „Herr, ich weiß nicht weiter. Ich habe ein Problem und bekenne, dass ich dafür verantwortlich bin." Dann kann sich Gott ans Werk machen.

Haben Sie schon einmal festgestellt, wie schnell wir für unsere Probleme raffinierte Entschuldigungen finden? Wir sind wahre Meister darin, andere Menschen verantwortlich zu machen: „Es ist nicht meine Schuld, sondern es liegt an dem Umfeld, in dem ich groß geworden bin – meine Eltern tragen die Verantwortung." Oder wir sagen: „Meine jetzige Situation hat mein Chef verursacht." Warum verhalten wir uns so und nehmen Zuflucht zu solchen Vorwänden? Es fällt uns schwer, eigene Fehler einzugestehen. Außerdem kann es demütigend sein, andere um Hilfe zu bitten.

Haben Sie schon einmal festgestellt, wie schnell wir für unsere Probleme raffinierte Entschuldigungen finden? Wir sind wahre Meister darin, andere Menschen verantwortlich zu machen.

Warum sollen wir Gott unsere Fehler bekennen? Muss er über das laufende Geschehen informiert werden, damit er überhaupt im Bilde ist? Nein, er weiß bereits alles. Wenn wir Gott unsere Schuld eingestehen, überrascht ihn das nicht. Er weiß sowieso Bescheid. Wir bekennen, weil er von uns hören möchte: „Herr, du hast recht. Ich habe hier Mist gebaut und jetzt habe ich ein Problem." Es ist zwar demütigend, Fehler zuzugeben, aber sobald wir das getan haben, stattet uns Gott mit seiner gesamten Kraft und Macht aus, damit wir uns zum Besseren verändern können. Ab diesem Augenblick können wir die Person werden, die wir nach Gottes Willen sein sollen.

Als der Engel in Jakobs Leben trat, ging es um mehr als nur eine Rangelei. Es handelt sich dabei um ein gutes Beispiel dafür, auf welche Weise Gott in unserem eigenen Leben am Werk ist. Zunächst lässt er eine frustrierende Krise zu – wie den Ringkampf –, mit der wir uns schwertun. Irgendwann gestehen wir ein: „Ganz offensichtlich kann ich hier nicht gewinnen. Diese Situation bekomme ich alleine nicht in den Griff. Ich reite mich nur tiefer hinein." Anschließend gilt es durchzuhalten. Wir müssen uns selbst ermahnen, nicht lockerzulassen, und auf Gottes Eingreifen und seine Hilfe vertrauen.

Gott wird antworten: „Ich werde dich nicht sofort von dem Übel befreien, da ich erst prüfen möchte, ob du es wirklich ernst meinst. Du hast gesagt, du willst dich verändern, und deshalb lasse ich das Problem noch eine kleine Weile bestehen, um zu sehen, ob du wirklich dranbleibst."

Wenn wir an dieser Stelle vorzeitig einen Rückzieher machen, werden wir zu einem anderen Zeitpunkt einem ähnlichen Problem gegenüberstehen. Lernen wir unsere Lektion jetzt nicht, müssen wir sie später nachholen, denn Gott wird uns so oder so schulen. Wir können uns eine Menge Unannehmlichkeiten ersparen, indem wir richtig reagieren, sobald eine Krise zum ersten Mal auftritt.

Zusammenarbeit

Der vierte Schritt in Gottes Veränderungsprozess lautet: *Zusammenarbeit.* Gott begann umgehend mit Jakobs Veränderung, nachdem dieser eingestand, wer er wirklich war, und Gottes Plan für sich akzeptierte. Jakob nannte den Ort, an dem er mit dem Engel gekämpft hatte, „Penuël", das bedeutet „Angesicht Gottes" (vgl. Gen. 32,31). Jakob hatte Gott von Angesicht zu Angesicht gesehen. Jeder von uns muss sich irgendwann Gott stellen, und erst wenn wir das tun, kann er uns verändern. Gott sagte zu Jakob: „Jetzt können wir loslegen. Ich möchte, dass du zur Ruhe kommst. Arbeite mit mir zusammen, vertraue mir und ich werde die von dir ersehnten Veränderungen vornehmen. Ich werde dich segnen." Gott bevormundete ihn jedoch nicht: „Jakob, streng dich an, und bring deine gesamte Willenskraft auf, damit du vollkommen wirst." Das funktioniert so nicht und Gott weiß dies. Willenskraft allein führt keine dauerhaften Veränderungen in unserem Leben herbei. Sie wirkt lediglich auf das äußere Verhalten ein. Aber nur die innere Motivation bewirkt dauerhaften Wandel und genau an dieser Stelle ist Gott am Werk.

Sobald Jakob signalisierte, dass er bereit war, mit Gott zusammenzuarbeiten, begann dessen Wirken. Als Erstes gab er Jakob einen neuen Namen, eine neue Identität. Gott erklärte ihm: „Du sollst von nun an nicht mehr Jakob heißen, du sollst Israel heißen" (Vers 29). Nach einer persönlichen Begegnung mit Gott können wir nicht länger im Alten verharren. Gott veränderte Jakob. Aus einem Betrüger wurde Israel, ein „Gottesstreiter" – ein Königskind Gottes. Gott wusste, was in Jakob steckte; er durchschaute Jakobs Versuche, nach außen hin ein ganzer Kerl sein zu wollen. Gott kannte Jakobs Schwächen, aber er sah eben nicht nur das

Oberflächliche, er sah hinter die Fassade. „Das bist nicht wirklich du, Jakob. Du bist eigentlich ein Israel. Du bist ein Königskind." Gott sah den Gottesstreiter in Jakob, und aus dem Betrüger wurde der Mann, nach dem später eine ganze Nation benannt wurde.

Lassen Sie Gott ans Steuer

Gott weiß immer, wie das Beste in uns zum Vorschein gebracht werden kann, und zwar besser als wir. Wenn wir ihn gewähren lassen, wird er seinerseits alles Notwendige tun, um dieses Ziel zu erreichen. Schließlich will er nicht, dass wir unser Leben vergeuden.

Möchten Sie, dass Gott Ihr Leben segnet? Dann bringen Sie die Umstände, die Sie momentan belasten, vor Gott. Sagen Sie: „Herr, ich gebe diese Situation an dich ab. Ich halte treu an dir fest, bis du das Problem zum Guten wendest." Bekennen Sie Ihre Fehler und vertrauen Sie sich seinem Plan an.

Es gibt ein weiteres interessantes Detail in der Geschichte von Jakob: „Als Jakob den Schauplatz verließ, ging die Sonne über ihm auf. Er hinkte wegen seiner Hüfte" (Vers 32). Während sie kämpften, renkte der Engel Jakobs Hüftgelenk aus, sodass Jakob für den Rest seines Lebens hinkte. Das ist bedeutungsvoll, denn der Oberschenkelmuskel gehört zu den stärksten Muskeln im menschlichen Körper. Als Gott Jakobs Aufmerksamkeit verlangte, berührte er ihn genau an diesem starken Punkt. Wenn wir meinen: „Das kann ich wirklich gut, das ist meine Stärke", wird Gott uns unter Umständen exakt an dieser Stelle berühren, um unsere Aufmerksamkeit zu erlangen. Gott versetzte Jakob einen Schlag auf das Hüftgelenk, und dieser erinnerte sich dadurch für den Rest seines Lebens daran, sich nicht mehr auf seine eigene Kraft zu verlassen, sondern auf die Kraft Gottes. Jakob lebte nicht mehr aus seiner eigenen Stärke heraus, sondern aus der Stärke Gottes, und indem er das tat, wurde er eine viel stärkere Persönlichkeit.

Gott versetzte Jakob einen Schlag auf das Hüftgelenk, und dieser erinnerte sich dadurch für den Rest seines Lebens daran, sich nicht mehr auf seine eigene Kraft zu verlassen, sondern auf die Kraft Gottes.

Laufen Sie nicht weg – bleiben Sie stehen

Es gibt eine weitere Erkenntnis, die man anhand dieses Vorfalls in Jakobs Leben gewinnen kann. Durch seine Betrügereien brachte Jakob sich häufig selbst in Schwierigkeiten. Er erntete, was er säte. Und wenn er dann in Schwierigkeiten steckte, rannte er immer davon oder machte einen Rückzieher. Gott wusste, wie er dem begegnen konnte: „Ich werde Jakob fortan hinken lassen." Nun konnte Jakob nie wieder vor einer schwierigen Situation davonlaufen. Für den Rest seines Lebens musste er sich seinen Problemen stellen – nicht aus eigener Kraft, sondern mit Gottes Kraft. Manchmal schwächt Gott Menschen, die er segnet, und häufig ist diese Schwäche ein gesundheitliches Problem (es gibt andere Beispiele dieser Art in der Bibel; vgl. Paulus' „Stachel im Fleisch", 2. Korinther 12,7–10).

Wie steht es mit Ihnen? Auf welche Weise möchten Sie dauerhaft verändert werden? Welche Sache in Ihrem Leben würden Sie gerne verändern? Geht es um eine Gewohnheit? Ist es eine Charakterschwäche? Vielleicht ist es etwas, das Ihnen mehr Schwierigkeiten einbrachte, als Sie geahnt hatten, und Sie werden gerade von einer Situation überrollt, die Sie nicht mehr unter Kontrolle haben. Möglicherweise plagt Sie gerade etwas, das Sie nicht bewältigen können und das Sie sogar davon abhält, das Potenzial auszuschöpfen, das Gott Ihnen gegeben hat.

Möchten Sie, dass Gott Ihr Leben verändert? Er wird es tun – auf seine Art und Weise. Er wird die vier Schritte für Veränderung anwenden – *Krisen, Hingabe, Eingeständnis* und *Zusammenarbeit*. Und wenn Gott die Veränderung vornimmt, wird sie von Dauer sein. Sie müssen sich über Ihre Willensstärke und Ausdauer keine Gedanken machen, weil Sie mit Gott in diesem Prozess zusammenarbeiten, sich entspannen und ihm vertrauen können.

Vielleicht haben Sie bislang nicht zugelassen, dass Gott in Ihrem Leben wirkt, indem Sie Entschuldigungen vorbrachten, anderen Menschen die Schuld gaben oder rational argumentierten. Es ist schwer, Masken abzulegen und einzugestehen: „Herr, ich bin schwach. Ich habe ein Problem." Solange wir das allerdings nicht tun, werden die Dinge genau so bleiben, wie sie sind. Sobald wir es aber tun, werden wir für den Rest unseres Lebens verändert werden.

> Gott sieht in Ihnen einen Israel!
> Er sieht in Ihnen das Königskind.
> Er weiß, was aus Ihnen werden kann.

Die gute Nachricht ist: Auch wenn Sie es kaum glauben mögen, weil Sie sich selbst so gut kennen – Gott sieht in Ihnen einen Israel! Er sieht in Ihnen das Königskind. Er weiß, was aus Ihnen werden kann. Er kennt Ihr Potenzial und will Sie von einem Jakob zu einem Israel machen. Erlauben Sie Gott, diese Veränderung vorzunehmen!

Praktische Schritte

- Was würden Sie am liebsten in Ihrem Leben verändern?
- Machen Sie sich Gedanken über jeden Schritt des Veränderungsprozesses und wie Sie diesen in der gegenwärtigen Situation umsetzen könnten.

10

Wie bin ich da nur hinein-geraten?

Zwanzig Jahre lang war Simson Herrscher von Israel. In den Kapiteln 13 bis 16 des Buches Richter wird ausführlich über seine Geschichte berichtet. Alles begann mit der überraschenden Ankündigung eines Engels: Die unfruchtbaren Eltern sollten auf wundersame Weise einen Sohn bekommen und dieser würde später Richter in Israel sein. Alles traf so ein wie angekündigt, und als Simson erwachsen war, bekam er die Position des Richters in Israel. Unter dem Begriff „Richter" verstand man damals etwas anderes als heute. Simson war ein militärischer Anführer und ein Stammesführer. Und die Hauptfeinde der Israeliten waren damals die Philister.

Dieser Anführer Israels hatte alles: übernatürliche Stärke, gutes Aussehen und eine Beziehung zu Gott. Trotz alledem war er selbst sein größter Feind. Er verschwendete sein Leben und brachte sich in vielerlei Schwierigkeiten.

Bedauerlicherweise ändert sich die menschliche Natur nie und deshalb tappen wir noch heute in die gleichen Fallen wie Simson. Das Durcheinander in seinem Leben entstand, weil er drei verhängnisvolle Entscheidungen traf und nicht aus seinen Fehlern lernte. Er versinnbildlicht drei der typischsten Verhaltensweisen, mit denen wir uns auch heute in schwierige Situationen hineinmanövrieren. Wenn wir diese drei Fallen erkennen, können wir unsere gegenwärtigen Probleme aufarbeiten und in der Zukunft einige neue vermeiden.

Aus unseren Fehlern lernen

Erstens: *Wenn wir nicht bereit sind, aus unseren Fehlern zu lernen, beschwören wir Schwierigkeiten geradezu herauf.* Simson hatte zwei große Schwächen, bekam diese aber nie in den Griff. Sie beeinträchtigten ihn sein ganzes Leben lang und führten später zu seinem Untergang. Ein großer Schwachpunkt war sein Jähzorn. Simson wurde oft wütend und reagierte unbeherrscht. Rasend vor Wut, tötete er dreißig Männer, nur um an deren Kleidung zu kommen (Richter 14,12–19). Ein Hauptmotiv für seine Taten war Vergeltung. Er setzte ein Feld in Brand, um sich zu rächen (Richter 15,3–5), und einer Gruppe von Männern drohte er mit den Worten: „Wenn ihr es so treibt, werde ich nicht ruhen, bis ich mich an euch gerächt habe“ (Vers 7). Danach erklärte er: „Ich habe ihnen nur heimgezahlt, was sie mir angetan haben“ (Vers 11). Später erschlug er tausend Philister.

Wenn wir nicht bereit sind, aus unseren Fehlern zu lernen, beschwören wir Schwierigkeiten geradezu herauf.

Simsons zweite Schwäche war sein unkontrollierbares körperliches Verlangen. Körperlich war er stark, moralisch aber schwach. Er ignorierte Gottes Prinzipien. In seinem Leben gab es eine traurige Anhäufung von Fehlschlägen, aus denen er jedoch nichts lernte, und deshalb beging er wiederholt dieselben Fehler. Für ihn war es eine Art Spiel: „Wie lange kann ich mit dem Feuer spielen, ohne mich zu verbrennen?"

Simson spielte dieses Spiel auch mit der Philisterin Delila, einer Prostituierten. Diese erkundigte sich mehrfach, woher er seine Kraft habe, wurde jedoch von Simson nur an der Nase herumgeführt. Allerdings kam sie mit jedem Mal der Wahrheit ein Stück näher. Unbedacht spielte Simson mit Delila und der Versuchung, aber letztlich kam er darin um. Wir neigen dazu, das Gleiche zu tun, und sagen: „Ach, nur dieses eine Mal." Wir genehmigen uns das sündhafte Vergnügen nach dem Motto: „Einmal ist keinmal" oder: „Was macht es schon, wenn ich es ein Mal tue? Wenn ich ein Mal ein schlechtes Gewissen oder ein schlechtes Gefühl habe?" Keiner von uns will, dass sein Leben ein Misserfolg ist – es passiert einfach, ganz allmählich. Es handelt sich um einen schrittweisen Prozess, in dem wir nach und nach geschwächt werden. Unser Leben bricht nicht plötzlich an einem einzigen Tag zusammen. Nein, das

Problem entwickelt sich über einen längeren Zeitraum, in dem wir uns weigern, aus unseren Fehlern zu lernen.

Vielleicht entgegnen Sie jetzt: „Es handelt sich dabei aber um einen Bereich meines Lebens, den ich nicht kontrollieren kann. Ich falle darin einfach immer wieder auf die Nase. In diesem Bereich mache ich einen Fehler nach dem anderen, weiß aber einfach nicht, wie ich das ändern soll. Ich bin nun einmal so."

Hier kommt die gute Nachricht. Gott sagt: „Ich werden dir die Kraft geben, damit du aus diesem Kreislauf des Scheiterns ausbrechen kannst." Als Simson endlich den Tatsachen ins Auge sah, durchbrach Gott den Kreislauf seiner Fehlschläge und gab ihm Kraft und Erfolg, das zu tun, wozu er berufen war. Gott wird das auch für uns tun, wenn wir uns den Tatsachen stellen.

Freunde weise aussuchen

Die zweite wichtige Erkenntnis aus Simsons Verhalten lautet: *Wenn wir uns die falschen Freunde suchen, beschwören wir Schwierigkeiten herauf.* Jemand sagte einmal sehr weise: „Wer wie ein Adler in die Höhe steigen will, kann nicht bei den Hühnern bleiben." Letzten Endes werden wir den Menschen ähnlich, mit denen wir die meiste Zeit verbringen. Deshalb ist es von besonders großer Bedeutung, Freunde gut und überlegt auszuwählen. Simsons schlechter Umgang färbte auf ihn ab. Obwohl Gott eine konkrete Aufgabe für ihn hatte, pflegte er schädliche Beziehungen und ließ sich von seinen Freunden auf Abwege bringen.

Es ist immer leichter, jemanden hinunterzuziehen, als ihn aufzubauen.

Gott hat für jeden von uns einen bestimmten Plan und ein Ziel, aber wenn wir uns die falschen Freunde suchen, bringen wir uns selbst in heikle Situationen. Hier eine herausfordernde Frage: Halten Ihre Freunde Sie davon ab, hundertprozentig für und mit Gott zu leben? Werden Sie von Ihren Freunden heruntergezogen oder positiv inspiriert? Haben Sie den Eindruck, dass Sie sich in Dinge fügen, die Sie im Grunde Ihres Herzens nicht tun wollen? Im Buch der Sprüche werden wir immer wieder vor falschem Umgang gewarnt. Wenn man dauerhaft falschen Einstellungen und falschen Wertvorstellungen ausgesetzt ist, wird dies eines Tages seinen Preis fordern. Es ist immer leichter, jemanden hinunterzuziehen, als ihn aufzubauen.

Was ist das Kennzeichen wahrer Freunde? Sie sollen das Gute in uns fördern. Sie sollen uns stärken und ermutigen und uns zu besseren Menschen machen.

Gott ernst nehmen

Es gibt ein drittes Prinzip in Simsons Geschichte. Es ist das Wichtigste von allen, weil es sich wie ein roter Faden durch sein ganzes Leben zieht: *Wenn wir Gott nicht ernst nehmen, beschwören wir Schwierigkeiten herauf.* Simson ging mit seinem geistlichen Leben nachlässig um. Seine Entscheidung für Gott war niemals ernst gemeint und dieses Problem wird in verschiedenen Bereichen sichtbar.

Erstens lebte Simson immer nur für sich selbst. Er pflegte einen egoistischen Lebensstil und seine Wünsche bestimmten sein Tun. Er ließ sich von dem Motto leiten: „Wenn du dich dabei gut fühlst, dann tu's!“ Gott hatte Großes mit Simson vor, so wie er auch Großes mit uns vorhat. Er hat ein Ziel für unser Leben. Wir sind nicht zufällig auf dieser Welt. Simsons Verhalten war von Sorglosigkeit geprägt. Für ihn war alles selbstverständlich und er nahm nichts ernst. Im Grunde war er deshalb zu nichts zu gebrauchen. Auch nach zwanzig Jahren im Amt als Richter hatte Simson die Philister nicht bezwungen. Letztlich siegten sie sogar über ihn.

Ein weiteres Anzeichen dafür, dass Simson Gott nicht ernst nahm, zeigt sich daran, dass Simson allem Anschein nach nie betete; mit einer Ausnahme vor seiner letzten Tat, als er den Tempel einstürzen ließ (Richter 16,28–30). Er war impulsiv, er war ungestüm. Er fragte Gott nicht danach, welche Richtung sein Leben nehmen sollte. Er lief einfach drauflos und tat, wonach ihm zumute war.

Wir könnten uns viele Probleme und viel Not ersparen, wenn wir häufiger innehalten würden, um mit Gott zu reden, bevor wir unüberlegt handeln und unser Leben ins Chaos stürzen. Simson wandte sich erst an Gott, als er in der Patsche saß. Wer hat nicht schon einmal versucht, mit Gott zu handeln und einen Deal abzuschließen: „Herr, wenn du mich jetzt aus diesem Dilemma herausholst, verspreche ich auch hoch und heilig, dir für immer treu zu sein."

Für viele Menschen ist Gott der letzte Ausweg. Wenn es brenzlig wird und sich die Lage zuspitzt, wenden sie sich in ihrer Verzweiflung an ihn. Sobald jedoch alles wieder normal läuft, ignorieren sie ihn erneut. Gott ernst zu nehmen bedeutet, zu hören, was er sagt, und sich jeden Tag aufs Neue um seine Führung und Weisheit zu bemühen.

Für viele Menschen ist Gott der letzte Ausweg.
Wenn es brenzlig wird und sich die Lage zuspitzt,
wenden sie sich in ihrer Verzweiflung an ihn.
Sobald jedoch alles wieder normal läuft,
ignorieren sie ihn erneut.

Simson meinte es niemals wirklich ernst mit Gott. Gott war für ihn erst von Bedeutung, als alles zusammengebrochen war: Die Philister nahmen ihn gefangen, stachen ihm die Augen aus und demütigten ihn, indem sie ihn wie ein Tier in einer Mühle Korn mahlen ließen.

Was geschah nach dem totalen Zusammenbruch? Simson wandte sich an Gott (Richter 16,28). Was wäre wohl geschehen, hätte er von Anfang an gebetet? Warum wartete er, bis sein Leben wie ein Kartenhaus zusammenfiel, ehe er sich endlich an Gott wandte? Weil er sich sein Leben lang nicht um Gott gekümmert hatte, verspielte er das Potenzial, das Gott ihm geschenkt hatte. Er verlor sein Ansehen und seine Freiheit. Er wurde zum Sklaven derer, die er bezwingen sollte. Simson erntete, was er gesät hatte.

Gott gibt niemals auf

Würde der Bericht hier enden, wäre es wirklich tragisch. Das tut er aber glücklicherweise nicht. Die Philister hatten Simsons Haar abgeschnitten, sein Zeichen für den Bund, den Gott mit ihm geschlossen hatte. Das Haar von Simson war nur ein äußeres Merkmal, es war nicht *Quelle* seiner Kraft, sondern nur *Symbol* seiner Stärke. Als die Philister ihm den Kopf kahl schoren, war es, als würden sie sagen: „Simson, wir passen dein Äußeres nur deiner inneren Herzenshaltung an. Mit dem Versprechen gegenüber Gott meinst du es eh nicht ernst."

Was passierte daraufhin? „Aber sein Haar, das sie ihm geschnitten hatten, begann wieder zu wachsen" (Richter 16,22). Ein Prozess der Erneuerung setzte ein. Simson erkannte, dass er sich gegen Gott versündigt hatte, und begann zu beten. Als er Gott um seine Stärke bat, erfüllte Gott seinen Wunsch. Gott gab ihm seine Kraft zurück und Simsons letzte Tat war ein gewaltiges Ereignis.

Simson wurde zum Tempel des Gottes Dagon gebracht, damit seine Feinde sich über ihn lustig machen und seinen Gott verspotten konnten – ihn, den wahren Gott Israels. Man stellte Simson zwischen zwei Säulen des Tempels, und mit der ganzen Kraft, die Gott ihm als Antwort auf sein Gebet gegeben hatte, drückte er die beiden Mittelsäulen auseinander, die das Gebäude trugen. Der gesamte Tempel stürzte daraufhin ein. Alle Menschen, die sich darin befanden, und die dreitausend auf dem Dach kamen ums Leben. Gott hatte Simson eigentlich gesandt, um die feindliche Nation zu bezwingen. Mit Simsons Tod konnte Gott mehr bewirken als zu dessen Lebzeiten. Das ist eine traurige Bilanz, aber zum Schluss hat Simson doch noch über die Feinde gesiegt. Nachdem Gott Simson eine zweite Chance gab, errang dieser den größten Sieg am Ende seines Lebens.

Gott gab Simson nicht einen Moment lang auf und er gibt auch Sie nicht auf. Gott weiß, was in Ihnen steckt und warum er Sie erschaffen hat: Sie sind zu Größerem berufen.

Einerseits ist das eine tröstende Tatsache. Vielleicht denken Sie gerade darüber nach, wie sehr Sie Ihr Leben verpfuscht haben, und bezweifeln, dass Gott Sie noch lieben und gebrauchen kann. Aber schauen Sie auf Simson. Gott gab Simson nicht einen Moment lang auf und er gibt auch Sie nicht auf. Gott weiß, was in Ihnen steckt und warum er Sie erschaffen hat: Sie sind zu Größerem berufen. Erst wenn Sie wirklich nach Gottes Willen fragen, werden Sie verstehen, warum Sie erschaffen wurden. Plötzlich wird es „klick" machen und alles wird sich wie ein Puzzle zusammenfügen. Sie werden erfüllt sein und aus Gottes Sicht erfolgreich werden – weil Sie erkannt haben, dass Sie nun das tun, wozu Gott Sie berufen hat.

Gottes Gnade macht Mut

An der Geschichte von Simson gibt es noch etwas besonders Ermutigendes: Sein Name ist auf der Liste der großen Glaubenshelden im 11. Kapitel des Hebräerbriefes aufgeführt. Warum? Weil er zwar in verschiedenen Lebensbereichen ein absoluter Versager war, aber dennoch von Gott gebraucht werden konnte, um große und gewaltige Dinge zu tun. Würde Gott nur vollkommene Menschen gebrauchen, würde rein gar nichts passieren, da es keine vollkommenen Menschen gibt. Stattdessen erwählt er ganz normale Menschen mit Fehlern und Schwächen, Menschen, die eventuell schon im großen Stil versagt haben.

Was sollten Sie tun, wenn Sie so ein Simson sind? Genau dasselbe wie er: Vertrauen Sie Ihr Leben Gott an. Unterstellen Sie ihm alle Bereiche Ihres Lebens, und hören Sie auf das, was er verspricht: „Ich werde dir die nötige Kraft geben, damit du von den Dingen frei wirst, die dich gefangen nehmen und mich daran hindern, in deinem Leben zu wirken." Nur Gott weiß, wie viel Potenzial in Ihnen schlummert, das Sie niemals aus eigener Kraft voll ausschöpfen können. Das ist Gottes Sache. Lassen Sie ihn heute damit anfangen!

Praktische Schritte

- Mit welchem von Simsons Fehlern können Sie sich im Moment am ehesten identifizieren?
- Auf welche Weise beabsichtigen Sie, Gottes Angebot für eine zweite Chance wahrzunehmen?

11 Wie gehe ich mit Einsamkeit um?

Eine der schlimmsten Emotionen, unter denen man leiden kann, ist Einsamkeit. Manchmal kommt es uns so vor, als würde uns niemand lieben oder sich dafür interessieren, ob es uns überhaupt gibt. Wir müssen nicht einmal alleine sein, um uns einsam zu fühlen. Auch in einer Gruppe kann man so empfinden. Nicht die Anzahl der Menschen in unserem Umfeld bestimmt das Maß der Einsamkeit, sondern unsere Beziehung zu ihnen. In der heutigen Welt mit ihren großen Städten leben die Menschen so nah wie nie zuvor beieinander und doch war die Distanz zwischen ihnen nie größer.

Kann man gleichzeitig reich und doch einsam sein? Das Leben von Howard Hughes, dem verstorbenen Luftfahrtpionier und Filmproduzenten, zeigt es. Kann man schön und doch einsam sein? Das Leben der verstorbenen Schauspielerin Marilyn Monroe beweist es. Kann man verheiratet und doch einsam sein? Fragen Sie diejenigen, die aus Einsamkeit heiraten und sich aus dem gleichen Grund ein paar Jahre später wieder scheiden lassen.

Kann man reich und doch einsam sein?
Kann man schön und doch einsam sein?
Kann man verheiratet und doch einsam sein?

Jeder macht irgendwann Zeiten durch, in denen er sich einsam fühlt, aber gewöhnlich gibt es dafür klare Ursachen und konkrete Gegenmittel. Manchmal verursachen wir unsere Einsamkeit selbst, aber manchmal befinden wir uns auch in Situationen, die unvermeidlich und unkontrollierbar sind. Der Apostel Paulus befand sich beispielsweise in einer solchen Lage, als er seinen zweiten Brief an Timotheus verfasste. Paulus war schon altersschwach und dem Tode nahe, als er im Gefängnis in Rom an seinen guten Freund Timotheus schrieb. Er drängte den jungen Mann zu einem Besuch, weil er sich schrecklich einsam und alleingelassen fühlte.

Ursachen für Einsamkeit

Es gibt vier Hauptursachen für Einsamkeit.

Veränderung

Die erste Ursache für Einsamkeit ist *Veränderung.* Das Leben besteht aus vielen Übergängen, Veränderungen und unterschiedlichen Phasen. Das Älterwerden bringt eine Reihe neuer Dinge mit sich und jede dieser Veränderungen kann das Gefühl der Einsamkeit auslösen. Ein Neugeborenes fühlt sich einsam und schreit, bis die Mutter es in den Arm nimmt und liebkost. Der erste Schultag kann ein Gefühl der Einsamkeit hervorrufen, ebenso wie ein neuer Arbeitsplatz oder das Ende der Berufstätigkeit. Aber auch der Tod eines geliebten Menschen kann dazu führen, dass wir uns einsam fühlen.

Jede neue Erfahrung, die wir machen müssen, kann Einsamkeit hervorrufen. Das allein ist schon schlimm genug. Darüber hinaus neigen wir auch dazu, alte und am Lebensende stehende Menschen zu isolieren. Siebzig Prozent der Bewohner in Altenheimen bekommen nie Besuch!

Paulus stand in der letzten Veränderungsphase seines Lebens. Er wusste, ihm blieb nicht mehr viel Zeit – und er war einsam. Er stellte fest: „Für mich ist nun die Zeit gekommen, dass mein Blut wie ein Trankopfer ausgegossen wird und ich aus dem Leben scheide" (2. Timotheus 4,6). Mit anderen Worten: „Meine Zeit ist begrenzt. Ich weiß, sehr bald wird mich entweder Kaiser Nero foltern oder ich werde an Altersschwäche sterben." Während Paulus seine letzten Tage alleine verbrachte, schrieb er: „Ich habe den guten Kampf gekämpft. Ich bin am Ziel des Wettlaufs, zu dem ich angetreten bin. Ich habe den Glauben bewahrt und unversehrt weitergegeben. Nun wartet auf mich der Siegeskranz" (Verse 7–8).

Trennung

Die zweite Hauptursache für Einsamkeit ist *Trennung.* Von der Familie oder von Freunden getrennt zu sein (wegen des Jobs, des Wehrdienstes oder aus anderen Gründen) verursacht Einsamkeit.

Einzelhaft ist eine der härtesten Strafen, weil Menschen die Gemeinschaft anderer Menschen brauchen. Der Kontakt und die Anerkennung anderer sind wichtig.

Paulus schrieb aus dem Gefängnis an Timotheus: „Komm so bald wie möglich zu mir" (Vers 9). Paulus befand sich in einem fremden Land im Gefängnis. Er berichtete Timotheus von seinen besten Freunden, von denen mit Ausnahme von Lukas keiner bei ihm war, und sagte: „Timotheus, ich vermisse die anderen." Er meinte damit seine engsten Freunde, seine ehemaligen Reisebegleiter. Paulus war ein sehr geselliger Typ, gerne unter Menschen und immer mit anderen unterwegs. Jetzt, am Ende seines Lebens, empfand er aufgrund der

Trennung von seinen Freunden, die sich in anderen Ländern aufhielten, furchtbare Einsamkeit.

Heute können wir einfach zum Telefon greifen und jemanden anrufen; Paulus konnte das nicht. Kontaktaufnahme war damals umständlich und langwierig.

Wen sollten Sie vielleicht einmal anrufen?
Wem sollten Sie einen Brief oder
eine Dankeskarte schreiben?
Tun Sie es jetzt, solange noch Zeit dafür ist!

Paulus bat Timotheus in diesem Briefabschnitt zweimal um einen Besuch (Verse 9 und 13) und fuhr dann fort: „Sieh zu, dass du noch vor Anbruch des Winters hier bist" (Vers 21). Warum schrieb er das? Weil ihm die Zeit davonlief. Im Grunde machte er damit deutlich: „Timotheus, wahrscheinlich werde ich nicht mehr lange hier sein und ich möchte dich unbedingt noch mal sehen. Komm her und besuch mich!"

Wen sollten Sie vielleicht einmal anrufen? Wem sollten Sie einen Brief oder eine Dankeskarte schreiben? Tun Sie es jetzt, solange noch Zeit dafür ist! Helfen Sie jemandem, Trennungsschmerz zu überwinden, und lindern Sie die Einsamkeit, indem Sie einen in der Vergangenheit abgebrochenen Kontakt wieder aufnehmen.

Ausgrenzung

Die dritte Hauptursache für Einsamkeit ist *Ausgrenzung*. Paulus berichtete: „Alexander, der Schmied, hat mir viel Böses angetan" (Vers 14). Mit anderen Worten: „Ich bin nicht nur alt und einsam im Gefängnis, ich wurde auch noch angegriffen." Was Alexander Paulus Böses angetan hat, ist nicht überliefert. Vielleicht beschmutzte er seinen guten Ruf, vielleicht hetzte er andere Menschen gegen Paulus auf.

Auf dem Schulhof sagen Kinder oft sehr gemeine Dinge. Erinnern Sie sich noch, als Sie klein waren und sich alle Kinder gegen Sie verschworen hatten? In einer Schulpause, von einer Minute auf die andere, schlug der Zeiger auf der Beliebtheitsskala um, und plötzlich waren alle gegen Sie: „Du bist nicht mehr unser Freund!" Sie fühlten sich ausgegrenzt, abgelehnt und allein. Diese Form der Einsamkeit ist wirklich eine schmerzhafte Erfahrung! Ausgrenzung zu erfahren, während sich alle anderen prächtig amüsieren, tut richtig weh. Dieses Gefühl kommt auch auf, wenn wir missverstanden, bloßgestellt oder gedemütigt werden. In solchen Augenblicken sind wir geneigt, uns in unser Schneckenhaus zurückzuziehen und eine schützende Mauer um uns herum zu errichten. Damit wird die Einsamkeit jedoch nur noch schlimmer.

Ablehnung

Die vierte Hauptursache für Einsamkeit ist die gravierendste, denn sie verursacht den größten Schmerz – Einsamkeit aufgrund von *Ablehnung*. In solchen Situationen kommt es uns dann so vor, als habe man uns betrogen oder alleingelassen.

Paulus empfand so. Er fühlte sich verlassen. Über seine Verurteilung durch Nero sagte er: „Als ich mich das erste Mal vor Gericht verteidigte, hat niemand zu mir gehalten. Alle haben mich im Stich gelassen" (Vers 16). Man kann den Schmerz in seiner Stimme förmlich spüren: „Als sich die Situation zuspitzte, haben sich alle von mir abgewandt. Als das Gerichtsverfahren begann, war keiner da." Niemand hat sich für seine Verteidigung eingesetzt, alle ließen ihn hängen.

Mit Ablehnung können wir Menschen besonders schwer umgehen. Aus diesem Grund sind Scheidungen auch so schmerzvoll und deswegen hasst Gott Ehebruch: Er ist eine Form des Verrats und verletzt Menschen. Er ist ein Akt der Untreue, des Verlassenwerdens und der Zurückweisung und eine ungeheuer schmerzliche Erfahrung. Gott sagt, dass jeder Mensch das emotionale Bedürfnis hat, angenommen und akzeptiert zu werden, und es ist eine schwere Sünde, wenn wir dieses Bedürfnis des anderen verletzen.

Umgang mit Einsamkeit

Im Umgang mit Einsamkeit gibt es erfolgversprechende Wege, aber auch Wege, die uns großen Schaden zufügen können. Für eine solche selbstzerstörerische Variante haben wir uns entschieden, wenn wir zum Workaholic werden und unsere gesamte Energie und Zeit nur noch in Arbeit, Arbeit und nochmals Arbeit investieren. Wir stehen am Morgen auf, rackern den lieben langen Tag, nur um am Abend völlig erschöpft ins Bett zu sinken. Irgendwann fordert dieser Lebensstil seinen Tribut – körperlich und emotional.

Stellen Sie sich vor, Sie wären alleine auf einer einsamen Insel und dürften sich alles wünschen außer menschlichem Kontakt, was meinen Sie, wie lange Sie glücklich wären?

Einige Menschen versuchen, mit materiellen Dingen gegen die Einsamkeit anzugehen. Sie verfallen in einen Kaufrausch: „Wenn ich viele schöne Dinge besitze, werde ich glücklich sein." Aber Materielles stellt auf Dauer nicht zufrieden. Stellen Sie sich vor, Sie wären alleine auf einer einsamen Insel und dürften sich alles wünschen außer menschlichem Kontakt, was meinen Sie, wie lange Sie glücklich wären? Nicht sehr lange, denn materielle Dinge machen nicht glücklich. Glück kann man nicht kaufen.

Andere wiederum stürzen sich aufgrund ihrer Einsamkeit in eine außereheliche Affäre, verfallen dem Alkohol oder nehmen Drogen. Manche tun gar nichts – sie sitzen lethargisch herum und bemitleiden sich selbst.

Was tat Paulus? Er wandte vier Methoden an, um seine Einsamkeit zu besiegen, und sie sind heute noch so hilfreich wie damals, als er die Tage des Alleinseins durchlitt. Diese vier Methoden zur Bewältigung von trüben Zeiten kann man mit den folgenden Verben wiedergeben: *nutzen, minimieren, erkennen und mitfühlen.*

Nutzen

Die erste Methode für den richtigen Umgang mit Einsamkeit lautet: *Nutzen Sie die Zeit weise.* Mit anderen Worten: Machen Sie das Beste aus Ihrer schlechten Situation. Widersetzen Sie sich der Versuchung, in Lethargie zu verfallen. Einsamkeit kann lähmen, wenn man nur dasitzt und nichts tut. Widerstehen Sie dem! Überlegen Sie sich einen Weg, wie Sie diese kostbare Zeit, in der Sie nicht abgelenkt werden, gut nutzen können.

Ein bekannter Ausspruch lautet: „Mach das Beste aus jeder Situation!" Gleichgültig, was es auch ist: Tun Sie etwas gegen Ihre Einsamkeit. Paulus ging folgendermaßen vor: „Tychikus habe ich nach Ephesus geschickt" (2. Timotheus 4,12) und: „Bring, wenn du kommst, meinen Mantel mit, den ich in Troas bei Karpus zurückgelassen habe. Bring auch die Buchrollen mit, vor allem die aus Pergament" (Vers 13). Paulus weigerte sich, einfach dazusitzen und Trübsal zu blasen. Er bedauerte sich nicht: „Ich armer Kerl." Er klagte nicht: „Gott, das ist also der Dank für dreißig Jahre Dienst, für die vielen Gemeindegründungen und für meinen Einsatz bei der Verkündigung des christlichen Glaubens in der römischen Welt? Ist das der Lohn – ein einsamer Tod in einem feuchten Gefängnis in Rom?"

Paulus bemitleidete sich nicht, stattdessen sagte er: „Auch wenn ich mich einsam fühle, kann es mir gutgehen. Ich mache das Beste aus einer schlimmen Situation. Bring mir meinen Mantel mit, dann ist mir wenigstens warm."

Einsame Menschen vernachlässigen sich oft. Sie achten nicht auf gesunde Ernährung, treiben keinen Sport und ignorieren die Bedürfnisse ihres Körpers. Paulus hingegen bat: „Bring mir meinen Mantel und meine Buchrollen, und ich werde daraus, dass ich hier von niemandem abgelenkt werde, Nutzen ziehen. Ich werde die Zeit mit Studieren und Schreiben füllen." Das war eine ganz neue Erfahrung für den umtriebigen Gemeindegründer. Vermutlich hätte er lieber im Kolosseum gepredigt, anstatt im Gefängnis zu studieren. Aber manchmal kann Gott Einsamkeit für Gutes nutzen. Wäre Paulus im Kolosseum gewesen, hätte er gepredigt. Gott ließ jedoch zu, dass er im Gefängnis saß, und nur infolgedessen konnten viele Briefe des Neuen Testaments entstehen!

Eventuell war der Gefängnisaufenthalt für Gott die einzige Möglichkeit, den aktiven Paulus in die Stille zu führen. Und Paulus' Reaktion darauf? „Wenn ich nicht draußen aktiv sein kann, werde ich eben hier aktiv."

Minimieren

Die zweite Möglichkeit für den guten Umgang mit Einsamkeit heißt: *Geben Sie dem Schmerz nicht zu viel Raum.* Übertreiben Sie dieses Gefühl nicht! Lassen Sie es nicht immer wieder hochkommen! Lassen Sie sich von der Einsamkeit nicht verbittern, erlauben Sie nicht, dass sich Groll in Ihrem Leben breitmacht! Paulus sagte: „Alle haben mich im Stich gelassen – Gott möge es ihnen nicht anrechnen!" (Vers 16).

Groll sperrt uns in ein selbstauferlegtes Gefängnis und hält Menschen von uns fern. Niemand verbringt gerne Zeit mit einer zynischen Person, die verbittert ist und immer nur meckert.

Paulus hatte viel Zeit, aber er gab sich niemals dem Groll hin, weil er wusste, dass ihn das nur noch einsamer machen und eine Mauer um sein Leben errichten würde. Groll sperrt uns in ein selbstauferlegtes Gefängnis und hält Menschen von uns fern. Niemand verbringt gerne Zeit mit einer zynischen Person, die verbittert ist und immer nur meckert. Paulus entschied: „Ich möchte kein verbitterter Mensch sein, deshalb werde ich meine Zeit nutzen und meinen Schmerz minimieren."

Erkennen

Die dritte Möglichkeit für einen erfolgreichen Umgang mit Einsamkeit lautet: *Erkennen Sie, dass Gott gegenwärtig ist.* Paulus bezeugt: „Doch der Herr stand mir bei und gab mir Kraft" (Vers 17). Wo ist Gott, wenn wir einsam sind? Er ist direkt neben uns. Jesus versprach: „Ich lasse euch nicht wie Waisenkinder allein" (Johannes 14,18). Gott wies darauf hin: „Niemals werde ich dir meine Hilfe entziehen, nie dich im Stich lassen" (Hebräer 13,5).

Es gibt keinen Ort, an dem Gott nicht ist. Er ist immer und überall gegenwärtig und wir können jederzeit mit ihm reden. Solange wir uns dessen bewusst sind, sind wir niemals wirklich allein. Gebet ist ein fantastisches Instrument, das wir in Zeiten der Einsamkeit einsetzen können. Sprechen Sie mit Gott und hören Sie auf sein Reden! David erkannte, dass die Gemeinschaft mit Gott ein hilfreiches Mittel gegen Einsamkeit ist. Er flehte: „Gott, ich bin so einsam! König Saul verfolgt mich und ich bin allein in dieser Höhle. Aber ich wende meinen Blick zu dir. Wohin kann ich gehen, um dir zu entrinnen, wohin fliehen, damit du mich nicht siehst? Steige ich hinauf in den Himmel – du bist da. Verstecke ich mich in der Totenwelt – dort bist du auch. Ich kann dir nicht entrinnen" (vgl. Psalm 139,7–8). David entdeckte, dass Einsamkeit zu einer engeren Beziehung mit Gott führen kann.

Die bekannte amerikanische Sängerin Amy Grant hat ein wunderbares Lied aufgenommen, in dem es heißt: „I love a lonely day. It makes me think of you ... It chases me to you. It clears my heart." Sie singt davon, wie sehr sie einsame Tage liebt, weil diese ihr die Möglichkeit eröffnen, sich auf Gott auszurichten, ihm näherzukommen und ihrem Herzen Gutes zu tun.

Was sollten Sie also tun? Handeln Sie wie Paulus! Blasen Sie nicht Trübsal. Widersetzen Sie sich der Versuchung, nichts zu tun. Nutzen Sie Ihre Zeit. Machen Sie etwas daraus.

Mitfühlen

Die vierte Möglichkeit für den Umgang mit Einsamkeit lautet: *Zeigen Sie Mitgefühl für die Bedürfnisse anderer Menschen.* Wir sollen uns nicht nur auf uns selbst konzentrieren und um uns kümmern, sondern vielmehr um andere Menschen. Wir sollen anderen einsamen Menschen helfen. Genau das tat Paulus. Sein Dienst war darauf ausgerichtet, anderen zu dienen und nicht ständig auf sich selbst zu schauen. „Doch der Herr stand mir bei und gab mir Kraft. Denn durch mich soll ja die Verkündigung seiner Botschaft zum Ziel kommen: Alle Völker sollen sie hören" (2. Timotheus 4,17). Paulus war einsam und alt, dennoch vergaß er niemals sein Lebensziel: Er wollte anderen Menschen helfen.

Corrie ten Boom verliebte sich als junge Frau Hals über Kopf in einen jungen Mann. Dieser brach jedoch die Beziehung ab und heiratete eine ihrer besten Freundinnen. Corrie war am Boden zerstört. Nichts schmerzt mehr, als abgelehnt zu werden, wenn jemand anderer bevorzugt wird. Ihr Vater gab Corrie damals einen guten Rat mit auf den Weg: „Corrie, deine Liebe wurde abgewiesen und er hat eine andere geheiratet. Jetzt gibt es zwei Möglichkeiten, wie du damit umgehen kannst. Du kannst diese Liebe in dir aufstauen und dich hineinsteigern, aber dann wird sie dich wahrscheinlich auffressen. Oder du kanalisierst sie an anderer Stelle in etwas oder jemand anderen und konzentrierst dich auf die Bedürfnisse deiner Mitmenschen. Du kannst ein Leben voller Liebe leben und die Bedürfnisse anderer stillen." Corrie entschied sich für diesen zweiten Weg und in ihrem spannenden Buch „Die Zuflucht" können wir mehr darüber lesen.

Denken Sie an die Seelenqual eines Paares, dessen sehnsüchtiger Kinderwunsch nicht in Erfüllung geht. Wohin mit all ihrer Liebe zu Kindern? Auch sie haben zwei Alternativen – sie können die Liebe in sich ansammeln und verschließen oder aber in andere Kanäle umleiten. Viele Kinder auf der Welt brauchen dringend Liebe. Dieses Paar kann sich also um die Bedürfnisse anderer Menschen kümmern.

> Liebe ist das beste Mittel gegen Einsamkeit.
> Anstatt darauf zu warten, Liebe zu bekommen,
> sollten wir Liebe geben.
> Dann fließt sie im Überfluss zu uns zurück.

Hören wir auf, Mauern zwischen Menschen zu errichten. Lassen Sie uns stattdessen Brücken bauen. Hören wir auf mit dem Klagen: „Herr, ich bin so einsam“, und bitten wir stattdessen: „Gott, hilf mir, lass mich heute jemandem ein Freund sein. Hilf mir, eine Brücke und keine Mauer zu bauen.“

Liebe ist sicher das beste Mittel gegen Einsamkeit. Anstatt darauf zu warten, Liebe zu bekommen, sollten wir Liebe geben. Dann fließt sie im Überfluss zu uns zurück.

Die Leere ausfüllen

Was sagt Gott zum Thema „Einsamkeit“? Was bietet er uns an, um diese Leere zu füllen? Zuerst einmal sagt Gott: „Ich habe volles Verständnis. Ich kenne das Gefühl.“ Der Sohn Gottes hat selbst erlebt, was es heißt, einsam zu sein. In seiner schwersten Stunde – in der Nacht vor der Kreuzigung – betete Jesus im Garten Gethsemane. Seine Freunde schliefen währenddessen ein. Als die Soldaten kamen, um Jesus festzunehmen, flohen die Jünger. Petrus verleugnete ihn sogar drei Mal. Als Jesus die Sünden dieser Welt am Kreuz auf sich nahm, schrie er: „Mein Gott, mein Gott, warum hast du mich verlassen?“ (Markus 15,34).

Jesus kennt Einsamkeit, aber er ermutigt uns: „Ich weiß, wie du dich fühlst. Du bist mir wichtig und ich möchte dir helfen.“ Nehmen Sie sein Angebot an! Wenden Sie sich im Gebet an ihn – so können Sie Einsamkeit überwinden und für andere Menschen da sein.

Praktische Schritte

- Erinnern Sie sich noch daran, wann Sie sich einmal so richtig einsam gefühlt haben? Wie haben Sie diese Situation bewältigt?
- Welche Person in Ihrem Umfeld – in der Gemeinde, in der Nachbarschaft oder am Arbeitsplatz – ist wohl einsam? Was können Sie tun, um dieser Person hilfreich zur Seite zu stehen?

12 Warum passiert das gerade mir?

Wie sollen wir uns verhalten, wenn andere Menschen uns das Leben schwermachen? Wenn Familienmitglieder uns ablehnen? Wenn uns ein guter Freund hintergeht? Wenn ein Arbeitskollege Lügen über uns verbreitet?

Ein besonders gutes Beispiel für jemanden, der viel leiden musste, weil ihm andere das Leben schwermachten, ist Josef, von dem im Alten Testament berichtet wird (Genesis 37–50).

Josef war der zweitjüngste von zwölf Brüdern. Es herrschte große Rivalität unter ihnen, und die älteren waren besonders neidisch auf Josef, weil er durch den Vater eine Vorzugsbehandlung erhielt. Als die Situation eskalierte, warfen die Brüder Josef in eine Zisterne; er sollte darin umkommen. Als jedoch eine Karawane ausländischer Kaufleute vorüberkam, überlegten sich die Brüder: „Anstatt ihn zu töten, könnten wir ihn doch auch verkaufen." Also wurde Josef von seinen älteren Brüdern an die fremden Händler verkauft, die ihn als Sklaven mit nach Ägypten nahmen.

Nun befand Josef sich in einem fremden Land. Er kannte niemanden und auch die Sprache war ihm anfangs fremd. Gegen seinen Willen wurde er zum Sklaven gemacht. Obendrein begehrte ihn die Frau seines obersten Herrn und war bemüht, ihn zu verführen. Als er ihr Angebot ausschlug, beschuldigte sie ihn fälschlicherweise der Vergewaltigung, und so wurde er ins Gefängnis geworfen. Er hätte also allen Grund gehabt zu fragen: „Warum gerade ich?“

Aber Josefs Einstellung ist bemerkenswert. Viele Jahre nach diesen schrecklichen Ereignissen sagte er zu seinen Brüdern: „Ihr hattet Böses mit mir vor, aber Gott hat es zum Guten gewendet; denn er wollte auf diese Weise vielen Menschen das Leben retten“ (Genesis 50,20). Mit anderen Worten: „Ihr wart mir böse gesinnt, aber Gott nutzte die Situation und machte Gutes daraus. Für mich, für euch, für viele andere Menschen.“

Von Josef lernen

Warum ließ Josef sich nicht unterkriegen? Er wusste um drei bedeutsame Wahrheiten, die sich in seinem Leben zeigten. Sie halfen ihm, in schlimmen Situationen stark zu sein und die Not zu überstehen.

Erstens wusste Josef: *Gott sieht alles, was wir durchmachen, und nimmt Anteil daran.* Josefs Leben belegt dies ganz deutlich. Er zweifelte nie daran, dass Gott um alles wusste, was in seinem Leben geschah, und dass er sich darum kümmern würde. Ein wichtiger Satz taucht in der Geschichte von Josef fünf Mal auf. Wiederholt lesen wir nach einer großen Herausforderung oder Niederlage: „Aber der Herr in seiner Treue stand ihm bei“ (Genesis 39,21). Selbst wenn alles schiefging und unmöglich schien – Gott war mit Josef.

Wir sind keine Marionetten oder Roboter,
die nur der Form halber kurze Gebete zu Gott schicken
und von ihm kontrolliert werden.

Zweitens wusste Josef: *Gott hat jedem Menschen Entscheidungsfreiheit gegeben.* Wir sind keine Marionetten oder Roboter, die nur der Form halber kurze Gebete zu Gott schicken und von ihm kontrolliert werden. Gott hat jeden von uns mit der Möglichkeit ausgestattet, eine freie Entscheidung zu fällen. Ignorieren wir das, was richtig ist, wird uns Gott seinen Willen nicht mit Gewalt aufdrücken. Haben wir uns ein Problem selbst eingebrockt, machen wir häufig Gott dafür verantwortlich, so als trüge *er* die Schuld daran. Wir beschuldigen ihn, obwohl er unbeteiligt ist. Bei einem schweren Unfall, einer furchtbaren Tragödie, einem Problem oder einer Krise sagen wir ganz fromm: „Das muss Gottes Wille sein.“ Wir tun fast so, als ob es Gott eine Freude sei, uns Kummer und Sorgen zu bereiten!

Richtig ist hingegen, dass Gottes Wille und seine guten Gedanken oft nicht umsetzbar sind, weil unser freier Wille dagegensteht! Entscheiden wir uns für einen eigenen Weg, entscheidet sich Gott, sich in seinem Wirken zurückzuhalten. Er lässt uns die Freiheit, Fehler zu machen und Probleme zu verursachen. Da andere Menschen ebenfalls diese Wahl haben, können auch sie über ihr Tun selbst entscheiden und uns verletzen. Josefs Brüder hatten sich in voller Absicht gegen ihn verschworen. Das war Sünde, aber Gott ließ es zu, da Menschen nicht als Marionetten erschaffen wurden.

Die dritte Wahrheit, die Josef erkannte, lautete: *Gott hat absolute Kontrolle über das Endergebnis.* Er kann unsere Fehler und alle Sünden, die andere Menschen an uns verüben, ins Gegenteil verkehren. Er kann aus dem Schlechten etwas Gutes machen. Selbst wenn wir hier und da eine Niederlage einstecken müssen, hat Gott bereits den Sieg errungen. Gott kann sogar schlimme Situationen für uns zum Guten wenden. Auch wenn wir meinen, unser ganzes Leben sei verpfuscht, hat Gott das letzte Wort. Er entscheidet, was mit dem uns umgebenden Chaos letztlich geschieht.

Wie war das bei Josef? Er wurde beinahe getötet, dann in die Sklaverei verkauft, der Vergewaltigung beschuldigt und ins Gefängnis geworfen. Mit seinem Leben ging es stets bergab. Aber dann griff Gott ein, wendete die dramatische Situation zum Guten. Im Gefängnis freundete Josef sich mit dem Mundschenk an, der rechten Hand des Pharao. Als dieser Mann wieder in sein Amt eingesetzt wurde, erfuhr er von den Träumen des Pharao und erinnerte sich daran, dass Josef Träume deuten konnte. Also holte man diesen aus dem Kerker und brachte ihn in den Palast des Pharao, damit er dessen Träume auslegte. Er offenbarte diesem: „Pharao, Gott lässt dir sagen, dass in den nächsten sieben Jahren in ganz Ägypten Überfluss herrschen wird, dann aber sieben Jahre des Hungers folgen werden. Legt deshalb Vorräte an."

Pharao war von Josefs Aussagen sehr beeindruckt und ernannte ihn zu seinem Stellvertreter mit Vollmacht über ganz Ägypten. So wurde aus dem ausländischen Sklaven Josef der zweithöchste Mann im Staat und dadurch Ägypten mit sieben weiteren Nationen, einschließlich Israel, vor dem Verhungern gerettet.

> Gott sieht, was passiert,
> aber weil wir einen freien Willen haben,
> greift er nicht gegen unseren Willen ein.
> Er hat sich selbst Grenzen gesetzt.

Gott sieht, was passiert, aber weil wir einen freien Willen haben, greift er nicht gegen unseren Willen ein. Er hat sich selbst Grenzen gesetzt. Aber er kann unsere falschen Entscheidungen gebrauchen und selbst die schlechten Dinge, die uns widerfahren, zum Guten wenden – wenn wir es ihm gestatten. Josef konnte am Ende seines Lebens sagen: „Ihr hattet Böses mit mir vor, aber Gott hat es zum Guten gewendet." Gott konnte trotz all des Bösen Gutes tun, weil Josef an ihm festhielt, obwohl er nicht alles verstand.

Vom Umgang mit Widrigkeiten

Vielleicht stecken Sie gerade in einer Belastungsprobe. Vielleicht sind Sie das Opfer einer Situation, die Sie nicht verschuldet haben. Denken Sie an Josefs Reaktion! Das Erste, was er *nicht* tat, war: in Selbstmitleid verfallen. Wenn Sie im Augenblick in einer Krise stecken oder schwere Zeiten durchmachen, können Sie sich kein Selbstmitleid leisten. Selbstmitleid ist eine der Hauptursachen für Depressionen. Wenn wir Probleme haben und unser Selbstbewusstsein sowieso schon angeschlagen ist, verurteilen und bedauern wir uns oft selbst noch.

Josef tat das nicht. Er gab sich nicht selbst die Schuld. Er war für die Krise nicht verantwortlich und versuchte, die Umstände realistisch zu sehen. Gerät ein Schiff in einen Sturm, muss es, um die Gefahr zu überstehen, direkt in den Wind segeln. Dreht man das Schiff seitwärts, wird der Sturm es zum Kentern bringen. Wenn also in unserem Leben Stürme aufziehen, besteht die beste Chance zu ihrer Überwindung darin, sie direkt anzugehen! So wie Josef es tat.

Wenn Sie im Augenblick in einer Krise stecken
oder schwere Zeiten durchmachen,
können Sie sich kein Selbstmitleid leisten.

Schlagen Sie sich zurzeit mit Entmutigung herum und fragen Sie sich: „Warum passiert mir das?"? Dann sollten Sie Folgendes beachten: *Treffen Sie niemals eine wichtige Entscheidung, wenn Sie deprimiert sind.* Wenn wir niedergeschlagen sind, neigen wir zu Aussagen wie: „Ich werde einfach aufgeben", „Ich werde umziehen", „Ich werde mir einen neuen Job suchen" oder: „Ich werde die Scheidung einreichen." Nochmals: Treffen Sie keine weitreichende Entscheidung, wenn Sie deprimiert sind, denn in solchen Augenblicken sind Ihre Gefühle unzuverlässig, und Sie können nicht objektiv denken. Sie sehen die Dinge nicht mehr klar und Ihre Perspektive ist verzerrt. Gehen Sie stattdessen frontal gegen den Sturm an und verfallen Sie nicht in Selbstmitleid.

Josef besaß noch eine weitere wichtige Charaktereigenschaft: Er gab der Bitterkeit keine Chance. Viele Jahre später traf Josef seine Brüder wieder, als diese nach Ägypten kamen, um dort Getreide zu kaufen. Als sie vor Josef traten, warfen sie sich vor dem Stellvertreter Ägyptens zu Boden. Sie erkannten ihren jüngeren Bruder nicht.

Als Josef sie über seine Identität aufklärte, waren sie zutiefst erschüttert und bekamen Angst. Hier war der Bruder, den sie Jahre zuvor hatten töten wollen, und befand sich nun in dieser gehobenen Position! Er konnte über sie befehlen und mit ihnen tun, wonach ihm der Sinn stand. Aber Josef vergab ihnen einfach. Josef wusste, *dass man sich im Leben den Ballast namens „Verbitterung" nicht erlauben kann.*

Wie sollen wir uns verhalten, wenn wir am liebsten verbittert sein würden? *Wir sollten alles an Gott abgeben.* Und genau das tat Josef: Er bewahrte sein Vertrauen und seine Hoffnung in Gott. Er glaubte fest, dass sich letzten Endes alles zum Guten wenden würde, und diente Gott weiterhin treu.

Wenn alles schiefgeht, lehnen wir oft gerade denjenigen ab, den wir in diesem Moment am meisten brauchen – Gott. Wir fragen in dieser Situation höchstens: „Gott, warum hast du das zugelassen?" Vielleicht rebellieren wir gegen ihn, als ob er schuld wäre! Stattdessen sollten wir beten: „Herr, kümmere du dich um dieses Problem." Gott kann die schlimmsten Situationen um 180 Grad wenden. Menschen, die uns Böses wollen, kann Gott für unsere Fortentwicklung gebrauchen. Sie wissen doch: Er liebt es, aus Kreuzigungen Auferstehungen zu machen.

Aus Krisen gestärkt hervorgehen

Die Bibel nennt uns nicht nur die Gründe für Leiden, sie zeigt auch praktische Schritte zu ihrer Überwindung auf und bietet Trost für solche Zeiten. Wenn wir aus folgenden Kraftquellen schöpfen, kann uns keine Krise wirklich zerstören.

Gottes Plan

Die erste Kraftquelle für Krisenzeiten, die in Josefs Leben sprudelte, war *Gottes Plan.* „Für die, die Gott lieben, muss alles zu ihrem Heil dienen. Es sind die Menschen, die er nach seinem freien Entschluss berufen hat“ (Römer 8,28). Dieser Vers besagt nicht, dass alles gutgehen wird; es gibt in dieser Welt viel Böses und nicht immer geschieht Gottes Wille. Aber der Vers verspricht, dass Gott im Leben eines Christen alles – auch das Negative – schließlich zum Guten führt.

Gott hat Sie nicht abgelehnt. Er hat nur das Beste für Sie im Sinn. Er wird Ihre Situation – auch die schlimmste – gebrauchen, um doch ein gutes übergeordnetes Gesamtziel zu erreichen. Er wird seine Herrlichkeit zeigen. Gott ist größer als jedes Problem, mit dem wir jemals konfrontiert sein werden. Wenn wir uns gerade mitten in einer Krise befinden, fällt es uns natürlich schwer zu erkennen, dass Gott seine liebevollen Ziele trotzdem verfolgt. Aber rückblickend werden wir dann die Zusammenhänge verstehen und wie Gott die Situation gebraucht hat, um zum Ziel zu kommen.

Wenn wir diese Wahrheit verstehen, können wir zurückschauen und denjenigen, die uns Schwierigkeiten bereitet haben, sagen: „Ihr hattet Böses mit mir vor, aber Gott hat es zum Guten gewendet. Ihr hattet Zerstörerisches mit mir vor, aber Gott hat es genutzt, damit es meiner Entwicklung zugute kommt. Ihr hattet vor, mich zu schwächen, aber Gott hat es zugelassen, damit ich eine stärkere und reifere Persönlichkeit werde.“ Ganz gleich, was passiert, selbst wenn wir einen Kampf verlieren, Gott hat den Sieg schon errungen! Der Ausgang liegt in Gottes Hand. Er wird schlimme Situationen wenden und Gutes daraus machen - wenn wir ihn lassen.

Gottes Verheißungen

Eine zweite Kraftquelle für Krisenzeiten liegt in *Gottes Verheißungen*. Er hat uns in der Bibel mehr als siebentausend Verheißungen gegeben, und wir sollten anfangen, sie für uns in Anspruch zu nehmen. Sie sind im Grunde wie Blankoschecks - man muss sie nur einlösen.

Suchen Sie sich doch einige Zusagen heraus, notieren Sie diese Verse auf kleine Karten, verstauen Sie sie in Ihrer Geldbörse und lernen Sie die Verse auswendig. Einer meiner Bekannten schreibt Verse auf Karten und steckt diese an die Sonnenblende seines Wagens. Sobald er an einer roten Ampel halten muss, klappt er die Blende herunter und liest einen Vers. Wenn die Ampel auf Grün schaltet, klappt er sie wieder hoch. Er hat während der Wartezeiten an Kreuzungen Hunderte von Versen auswendig gelernt, ohne zusätzliche Zeit dafür erübrigen zu müssen. Sie können Verse an Ihren Badezimmerspiegel kleben und sie auswendig lernen, während Sie sich rasieren oder Ihre Haare föhnen. Gottes Verheißungen geben uns Hoffnung, Stärke und Trost.

Was in Gottes Heiligen Schriften steht, soll für uns

von Nutzen sein und uns Mut machen, an der Hoffnung festzuhalten (vgl. Römer 15,4). Wir müssen einfach Gottes Verheißungen lesen, sie uns einprägen und im Vertrauen auf ihn in Anspruch nehmen.

Gottes Familie

Es gibt eine dritte Kraftquelle, die wir in Krisenzeiten anzapfen können: *Gottes Familie – unsere Geschwister im Glauben.* Jede Gemeinde sollte eine liebevolle Gemeinschaft von Menschen sein, in der man sich wertschätzt, sich unterstützt, füreinander betet, gemeinsam weint, lacht und einander hilft, Last zu tragen. Wir brauchen einander. Gott möchte, dass eine Gemeinde ein festes, solides Geflecht ist, in dem wir uns gegenseitig ermutigen und beistehen.

Das funktioniert jedoch nicht, wenn wir einander fremd sind. Deshalb sollten wir in kleineren Gruppen zusammenkommen. Wir brauchen einen Kreis von Menschen, mit denen wir uns regelmäßig treffen, beten und unser Leben teilen können. Wenn wir das beherzigen, finden wir schnell heraus, dass andere Menschen mit den gleichen Problemen zu kämpfen haben wie wir und uns deshalb Mut machen können. Wir werden Menschen treffen, die schon gleiche oder ähnliche Probleme durchgestanden haben. Sie können uns aufrichten und in diesen dunklen Zeiten hilfreich zur Seite stehen.

In der Bibel steht, dass Gott in unserem Leben intensive Bewährungsproben und Probleme zulässt, damit wir von ihm getröstet werden und anschließend wiederum anderen Trost und Mut zusprechen können (2. Korinther 1,3–4). So wirkt Gott an Menschen durch Menschen.

Jesu Gegenwart

Die vierte Kraftquelle in Krisenzeiten ist die größte und sprudelndste von allen: *Gottes Anwesenheit in der Gestalt von Jesus Christus.* In der Bibel heißt es, dass Jesus Christus als der Sohn Gottes heute immer noch lebendig ist und wir eine persönliche Beziehung zu ihm haben können. Millionen von Menschen auf der ganzen Welt bestätigen das. Die Gegenwart von Jesus Christus kann uns in allen schwierigen Zeiten helfen.

Josef ist im Alten Testament ein Beispiel für das, was Jesus im Neuen Testament getan hat: Beide litten zum Wohle anderer Menschen. Josef erlebte viel Leid und konnte zur Zeit der Hungersnot im Nahen Osten durch seine Politik der Vorratshaltung Tausende von Menschen vor dem Verhungern retten. Das ist ein menschliches Abbild dessen, was Jesus tat. Obwohl er vollkommen und schuldlos war, starb Jesus am Kreuz, um uns die schrecklichen Konsequenzen der Sünde zu ersparen.

Gott hat jeden Einzelnen von uns mit einem freien Willen ausgestattet. Er drückt uns seinen Willen nicht mit Gewalt auf, um uns nicht zu Marionetten und Robotern zu machen. Wir leben in einer Welt von fehlerhaften Menschen, die sich gegenseitig verletzen. Wenn wir unser Leben Jesus unterstellen und ihm vertrauen, steht er uns in jeder Situation bei und erlaubt uns zu erkennen, dass er am Ende alles zusammenfügen wird. Das Kreuz ist das beste Beispiel dafür, dass Menschen Böses vorhatten, Gott aber die Situation zum Guten wendete und sie zum Segen für die Menschheit werden ließ.

Vielleicht hat ein Mitglied Ihrer Familie Sie zutiefst verletzt, so wie es bei Josef der Fall war – vielleicht eine Schwester, ein Bruder, Ehepartner oder ein Freund. Wenn dem so ist, dann sollten Sie sich wie Josef verhalten! Verfallen Sie nicht in Selbstmitleid und Verbitterung. *Nehmen Sie stattdessen die Verletzung und geben Sie alles Jesus Christus ab.* Lassen Sie ihn etwas Neues und wunderbar Wohltuendes aus dieser hässlichen Situation machen.

Vielleicht wenden Sie jetzt ein: „Das ist nicht fair. Das habe ich wirklich nicht verdient." Unter Umständen ist auch ein Freund in Not und Sie sagen: „Das hat er wirklich nicht verdient, das ist einfach unfair."

Und ich sage: Ja, Sie haben absolut Recht! Es gibt viel Ungerechtigkeit in der Welt, vieles ist nicht fair. Und aus diesem Grund wird am Ende aller Zeiten Gott Recht sprechen. So steht es in der Bibel. Es wird der Tag des Gerichts kommen, an dem alle begangenen Verletzungen und das Unrecht an unschuldigen Menschen beim Namen genannt und gerichtet werden. Am Ende aller Tage wird Gott Gericht halten. Aber jetzt ist es unsere Aufgabe, nicht aufzugeben und zu schauen, was Gott in unserem Leben tun will, um uns vorwärtszubringen und zu stärken. Wir sollten uns nicht von der Ungerechtigkeit zermürben lassen.

Befinden Sie sich in einer Situation, in der Sie versucht sind zu fragen: „Warum passiert mir das?" Dann können Sie gewiss sein, dass Gott weiß, was geschieht und wie es Ihnen geht, und dass ihn die Ungerechtigkeit auch verletzt. Er hat Ihnen einen freien Willen gegeben und erlaubt allen Menschen, auch von dieser Entscheidungsfreiheit Gebrauch zu machen. Unterstellen Sie sich also Gottes Plan, und lassen Sie sich davon überraschen, wie er sogar eine schlimme Situation verändern wird – wenn Sie es ihm gestatten. Unterstellen Sie sich Gottes Plan, und schöpfen Sie Hoffnung aus dem, was vor Ihnen liegt. Nehmen Sie die Verheißungen Gottes für sich in Anspruch und bauen Sie darauf. Suchen Sie den Kontakt mit anderen Christen und werden Sie Teil einer warmherzigen Gemeinde, in der Ihre Bedürfnisse gestillt werden und in der Sie sich einbringen können, um eine Hilfe für andere zu sein.

Und vor allem: Rechnen Sie mit der Gegenwart von Jesus Christus! Geben Sie ihm in Ihrem Leben Raum. Aus dem Schlimmsten kann Gott das Beste machen. Das ist die Kernbotschaft dieser Geschichte. Viele Christen können aus ihrer Vergangenheit bestätigen: „Ja, das ist wahr. Mein Leben war zerstört. Dann vertraute ich es Jesus an und er hat mir ein neues Lebensziel geschenkt." Sein Leben mit Jesus zu leben bedeutet nicht, dass er uns vor jedem Sturm bewahrt – aber er gibt uns den Mut und die Stärke, jeden Sturm zu überstehen. Nicht für jeden Menschen wendet sich in dieser Welt alles zum Besten. Es wird sich nur zum Guten verändern, wenn wir Gott unser Leben anvertrauen; dann wird er eine gute Lösung finden. Solange wir noch zögern, wird er nichts tun.

Sein Leben mit Jesus zu leben bedeutet nicht, dass er uns vor jedem Sturm bewahrt – aber er gibt uns den Mut und die Stärke, jeden Sturm zu überstehen.

Sie müssen also an Jesus Christus glauben und damit das sein, was die Bibel „wiedergeboren" nennt. Was bedeutet das? Zwei Schritte sind nötig: *Buße tun* und *glauben.* „Buße tun" heißt verändern, umdenken. Verändern Sie die Art und Weise, wie Sie über Gott und Ihre Sünden denken. Damit gelangen Sie an einen Wendepunkt in Ihrem Leben – weg von der Dunkelheit und hin zum Licht; weg von der Schuld und hin zur Vergebung; weg vom Egoismus und hin zu Gott. Und dann brauchen Sie *Glauben.* Glauben Sie, dass Gottes Sohn Ihnen Ihre Schuld vergeben und ein besseres Leben schenken kann, dass er in Ihrem Leben wirken möchte, einen Plan für Sie hat, all das Ungute und Schlechte nehmen kann – selbst Ihren Ärger – und alles zum Guten wenden wird, wenn Sie ihn lassen! Wenn Sie das tun, werden Sie später rückblickend sagen können: „Ihr hattet wirklich richtig Böses mit mir vor, aber Gott hat es zum Guten gewendet. Gott gebrauchte das Böse in meinem Leben, um mich in meiner Entwicklung zu fördern und zu einem stärkeren, besseren Menschen werden zu lassen, und dafür bin ich dankbar."

Praktische Schritte

- Beschreiben Sie ein Ereignis in Ihrem Leben, das trotz aller tragischen Umstände letztendlich zu etwas Gutem führte – für Sie und für andere.
- Nennen Sie Beispiele dafür, wie Gottes Kraftquellen in Ihrem Leben deutlich sichtbar wurden.

···➤ Und wohin steuert Ihr Leben?

Rick Warren:

Leben mit Vision

Wozu um alles in
der Welt lebe ich?

Gebunden, 330 Seiten
Bestell-Nr. 657 480

Selbsthilfebücher geben oft den Rat, dass Sie in sich hineinschauen sollten, um den Sinn und das Ziel Ihres Lebens zu entdecken. Rick Warren aber vertritt die Meinung, dass dies der falsche Ausgangspunkt ist. Sie sollten bei Gott, Ihrem Schöpfer, ansetzen und nach den Gründen fragen, aus denen er Sie erschaffen hat. Sie wurden von Gott und zu Gott hin erschaffen, und erst wenn Sie das verstehen, wird Ihr Leben Sinn machen.

Dieses biblisch fundierte Buch wird Ihnen helfen, Gottes besondere Pläne für Ihr Leben zu entdecken. Rick Warren begleitet Sie auf einer 40-tägigen geistlichen Reise, um der Antwort auf die wichtigste Frage des Lebens, „Wozu lebe ich eigentlich?“, auf die Spur zu kommen. Gottes Berufung für sich zu kennen wird Stress reduzieren, Ihre Energien bündeln, Ihre Entscheidungen vereinfachen und Ihrem Leben tiefen Sinn geben.